HELSINKI
TURKU
STOCKHOLM
COPENHAGEN

Nordic day

어느 날 문득,
북유럽

방지연 지음

북노마드

Travel Map

2009년 6월 5일부터 21일까지의 여행입니다.

6월 5일 핀에어 AY042편을 타고 헬싱키로
         인천공항 9시 45분 출발, 반타공항 1시 25분 도착

6월 11일 헬싱키에서 투르쿠로
         헬싱키 중앙역에서 기차를 타고 투르쿠역 도착

6월 12일 투르쿠에서 스톡홀름으로
         바이킹 라인 이자벨라호를 타고 스톡홀름 도착

6월 17일 스톡홀름에서 코펜하겐으로
         13시 45분 출발, 14시 15분 도착 예정
         비행기 연착으로 21시 도착

6월 21일 핀에어 AY041편을 타고 서울로
         반타공항에서 16시 45분 출발, 22일 아침 인천공항 도착

몇 년 전부터 언젠가는 꼭 가보고 싶었던 여행지, 북유럽을 드디어 다녀왔습니다. 그때부터 차근차근 준비했던 여행 노트와 여행을 하며 기록했던 스크랩북을 가지고 글, 사진을 담아 북유럽 책을 만들었습니다.
한 사람의 작은 노트에서 시작된 노르딕 데이가 다른 사람의 여행에 도움을 주고, 또 그곳을 좋아하는 사람에게는 작은 기쁨이 되면 좋겠습니다.

여행 준비물

1 여권 2 포스트잇 3 35mm 칼라필름 4 LOMO LC-A+ 5 에코백 6 무민 핀
7 날짜 스탬프 8 스크랩 노트 9 펜 10 마스킹 테이프 11 스탬프 잉크 12 여행 노트
13 큐브릭 14 아이팟 15 「랜드 랜드 랜드」(공항과 비행기에서 볼 가벼운 책)
16 베개 17 일회용 밴드 18 지도 19 다이어리

Contents

4-7 Travel Map
Contents

8-11 Finland Helsinki

12-23 Akateeminen Kirjakauppa 아카데미아 서점   Café Aalto 카페 알토
Hietalahdentori 히에타라하티 마켓   Kakku galleria 카쿠 갤러리아
Hakaniemin Kauppahalli 하카니에미 마켓홀   Hesburger 헤스버거

24-35 ARABIA 아라비아   Esplanadi Park 에스플라나디 공원
Kauppatori 카우파토리   Kiasma 키아즈마   Supermarket 슈퍼마켓

36-45 SIS. DELI+CAFÉ 시스 델리+카페   Helsinki Paapostitalo 헬싱키 중앙우체국
Postimuseo 우편박물관   KAHVILA SUOMI 카하비라 수오미
Tuomiokirkko 헬싱키 대성당   Café Engel 카페 엔젤

46-59 marimekko 마리메꼬   Unikko Fabric 우니꼬 패브릭   TORI 토리
Eat & Joy Maatilatori 잇 앤 조이 마틸라토리   Aalto House 알토 하우스

60-65 Design Forum Finland 디자인 포럼 핀란드
Napa Gallery & Shop 나파 갤러리 앤 숍   Sushibar 스시바
Design District Helsinki 디자인 디스트릭트 헬싱키
Designmuseo 디자인박물관

66-71 Iittala Glass Center 이딸라 글라스 센터
Column #1 여행에서 돌아와

72-75 Finland Turku

Turku Åbo 투르쿠 오보
Luostarinmäki Handicrafs Museum 루오스타린메키 수공예박물관
Eerikinkatu 마켓 광장

76-85 Muumimaailma 무민 월드   Souvenir 기념품
Column #2 여행에서 돌아와

86-89　Sweden　Stockholm

90-99　Viking Line 바이킹 라인　T-banan 지하철역
Supermarket 슈퍼마켓　Travel Souvenir 여행 기념품
Gamla Stan 감라스탄　Postmuseum 우편박물관

100-115　Gustavsberg 구스타프스베리　NYSTEKT STRÖMMING 뉘스텍트 스트로밍
10-Gruppen 티오 그루펜　CHOKLADFABRIKEN 슈크라드파브리켄
GRANIT 그라니트　Hötorget 회토리예트

116-125　Connect Hotel 커넥트 호텔　Rönnells Antikvariat 로넬스 헌책방
Stockholms Stadsbibliotek 시립도서관
Östermalms Saluhall 외스테르말름 시장　Design Torget 디자인 토리옛
Iris Hantverk 이리스 한트베르크　Riche 리쉐

126-145　Hotel Birger Jarl 호텔 비르예르 얄　Morkarin 모르카린
Moderna Museet 현대미술관
Rosendals Trädgård 로젠달 가든　Skansen Butiken 스칸센 부티켄
Column #3 여행에서 돌아와

146-149　Denmark　Copenhagen

150-167　Danhostel Copenhagen City 단호스텔 코펜하겐 시티　Strøget 스트뢰에
Crème de la Crème à la Edgar 크렘 드 라 크렘 아 라 에드가
Irma 이야마　Travel Souvenir 여행 기념품
Nyhavn 니하운　Post & Tele Museum 우편과 통신박물관
Kunst Industri Museet 공예박물관

168-175　Konditori La Glace 콘디토리 라 그라세　DESIGNER ZOO 디자이너 주
Royal Copenhagen Factory 로얄 코펜하겐 팩토리
Tivoli 티볼리

176-179　Hotel Fox 호텔 폭스　Israel Plads 이스라엘 광장
Børnenes Boghandel 그림책 서점

180-183　Hotel Fox 호텔 폭스　Kastrup 카스트루프공항　Vantaa 반타공항
Column #4 여행에서 돌아와

184-189　Map

아라비아
마리메꼬
알토 하우스
디자인박물관
이딸라 글라스 센터

✚ Finland

Helsinki

숲과 호수의 나라 핀란드.
핀란드의 수도 헬싱키는 나무와 물이 많은 도시다. 골목까지 다니는 트램을 타면 시내 곳곳을 편하게 둘러볼 수 있다. 시내 근처의 항구에서 배를 타면 스웨덴과 발트 3국에 갈 수 있다. 여름에는 해가 지지 않는 백야로 밤에도 푸른빛이 돈다. 북쪽으로 올라갈수록 백야는 더 뚜렷해진다.

Finland Helsinki
핀란드   헬싱키

교통

헬싱키 반타(Vantaa) 국제공항에서 시내로

공항은 시내에서 약 20km 떨어진 곳에 위치해 있다.
버스, 열차를 타고 시내로 들어갈 수 있다.

Bus   핀에어 공항버스는 공항에서 시내를 연결하는 직행버스로 중앙역의 시티 터미널이 종착점이다. 소요시간은 30분 정도이고, 티켓은 버스기사에게도 살 수 있다. 그 외 시버스 615번, 415번, 451번.

시내 교통

시내 관광에 가장 편리한 교통수단은 트램이다. 운전수에게 티켓을 구입할 수 있다. 1시간 유효한 싱글티켓과 1, 3, 5일권 등이 있다.

헬싱키는 1노선의 지하철이 다닌다. 개찰구 앞의 자동발권기에서 티켓을 구입해 승차한다.

싱글티켓은 1시간 이내에 다른 교통수단으로 갈아탈 수 있다.

시차

Seoul   Helsinki

한국 시간에서 7시간을 빼면 된다.
3월 마지막 주 일요일부터 10월 마지막 주 일요일까지는 서머타임 때문에 1시간 빨라져 시차는 6시간이 된다.

핀란드어

안녕 : **Moi** 모이
안녕하십니까(아침) : **Huomenta** 후오멘타
안녕하십니까(점심) : **Paivaa** 파이바
안녕하십니까(저녁) : **Iltaa** 이르타-
안녕히 주무세요 : **Yota** 유오타
헤어질 때 : **Nakemiin** 나케민
고맙습니다 : **Kiitos** 키토스
미안합니다 : **Anteeksi** 안테크시

| FINLAND | HELSINKI

어제 내린 비의 기운과 이른 아침의 찬 공기가 더해진 거리로 나왔다. 문 여는 시간에 맞춰 슈퍼마켓에 들러 사과와 물을 사고 다시 걷기 시작. 여행의 첫날에는 그곳 사람들의 일상을 느낄 수 있는 서점과 마켓에 간다. 어제 봐두었던 서점 안의 카페에서 아침 식사를 하며 하루를 시작했다.

Akateeminen Kirjakauppa
아카데미아 서점

알바 알토가 설계한 아카데미아 서점은 헬싱키에서 가장 큰 서점으로 2층에는 그의 이름을 딴 카페가 있어 책과 커피를 함께 즐길 수 있다.
천장에 뚫려 있는 삼각형 창은 프리즘처럼 다양한 형태의 빛을 3층부터 1층까지 전달해 책들을 환하고 따뜻하게 비춘다. 서점은 규모만큼이나 다양한 종류의 책들이 잘 분류되어 있고 1층 안쪽의 그림책 코너에서는 무민 책을 볼 수 있다. 지하에는 사무용품과 오리지널 문구를 파는 문구점도 있다. 커피를 마시며 쉬다가 다시 책을 볼 수 있어서 한 번 들어가면 쉽게 나가지지 않는다.

Café Aalto
카페 알토

1955년 알바 알토가 설계했던 오피스 빌딩에 그가 디자인한 카페를 1986년 이곳에 재현했다. 이른 아침인데도 사람들이 제법 많았다. 혼자보다는 가족과 연인, 친구와 함께 온 사람들로 꽉 차 있다. 골든벨 조명이 내려진 작은 테이블에 앉으니 카모메 식당의 사치코와 미도리의 첫 만남이 떠올라 익숙함과 설렘이 동시에 느껴졌다. 모닝 세트는 두 가지 종류가 있고 커피는 취향대로 고를 수 있다.

조명은 알바 알토의 골든 벨(Golden Bell) 의자는 아르네 야콥센의 앤트 체어(The Ant)가 놓여 있다.

1 ALLA RAFFAELE 6.40유로
달지 않으면서 신선해 매우 맛있던 오렌지주스, 크루아상, 그리고 카푸치노가 함께 나온다.
2 RUNOILIJAN AAMIAIN 8.50유로
위의 세트에 과일, 잼, 브리치즈가 함께 곁들여진다.

MAP-184-1
Keskuskatu 1, 00130 Helsinki
Tel +358 (0)9 121 41
www.akateeminenkirjakauppa.fi
open mon-fri 9-21 / sat 9-18 / Jun-Aug : sun 12-18
close sunday

| FINLAND | HELSINKI

Hietalahdentori
히예타라하티 마켓

주말에는 곳곳에서 크고 작은 벼룩시장이 열린다.
헬싱키 사람들에게 좀 더 가까이 다가갈 수 있는 작은 벼룩시장을 찾았다.
동네 주민들도 참여하는 마켓의 물건들은 소규모로 파는 생활용품이 대부분이다. 그릇과 작은 소품들, 옷과 낡은 책들이 펼쳐져 있다.
작은 테이블 위에 낡고 소소한 물건을 펼쳐놓은 할머니에게 우편 소인이 찍혀 있는 우표묶음 한 봉지를 1유로에 샀다.

MAP-184-2
open sat, sunday

Kakku galleria
카쿠 갤러리아

벼룩시장 가는 길에 지나쳤던 케이크 가게를 찾았다. 창가의 네 자리가 전부인 아주 작은 가게지만 자리는 다 채워져 있고, 손님이 끊이지 않고 들어와 케이크를 사 갔다. 쇼케이스 안에는 케이크, 키시(프랑스식 파이)가 진열되어 있어 직접 보고 주문할 수 있다. 과일이 올려진 타르트와 초콜릿 케이크를 골라 빈자리가 나기를 기다렸다. 타르트와 케이크 둘 다 맛이 좋았다. 적당히 단 타르트와 초콜릿 케이크는 촉촉한 식감과 진한 맛으로 커피와도 잘 어울렸다.

케이크와 커피 세트 5유로
좋아하는 케이크와 커피를 주문하면 세트로 먹을 수 있다.

MAP-184-3
Bulevardi 34, 00160 Helsinki
Tel +358 (0)9 241 2014
www.kakkugalleria.com
open mon-fri 9-18 / sat 10-15
close sunday

| FINLAND | HELSINKI

정오가 지나자 차가웠던 공기는 점점 따뜻해지고, 비 온 뒤의 상쾌함에 걷고 싶어졌다. 투명하고 파란 하늘에 낮게 뜬 뭉게구름은 거대한 그림자를 만들어냈다. 헬싱키 중앙역에서 다리를 건너 북쪽으로 걸으면 하카니에미 마켓홀이 나온다. 트램이나 메트로를 타고 두 정거장 정도의 거리니 걷기로 했다.

Hakaniemin Kauppahalli
하카니에미 마켓홀

상점가 하카니에미 앞에는 마켓 광장이 열린다. 헬싱키 사람들이 즐겨 찾는 시장으로 항구에 있는 카우파토리보다 친근하고 더 북적이는 곳이다.
채소, 과일 등 신선한 음식 재료가 줄지어져 있고 자동차 꽃가게는 꽃을, 야외 카페에는 간단한 먹을거리를 팔고 있다. 채소와 과일의 원산지에 핀란드를 의미하는 수오미 suomi 라고 써진 것은 더 신선하지만 가격이 조금 비싸다.

마켓 광장에 펼쳐진 카페와 식당은 쉬어가는 사람들로 가득 찼다. 마음에 드는 가게를 찾아 음식을 주문했다. 시장의 인심은 어느 곳이나 비슷한가 보다. 이곳도 양은 넉넉하고 가격은 저렴하다.

몇 가지 음식을 한 접시에 담아준다. 샐러드와 으깬 감자, 소시지, 미트볼이 함께 나온다.

| FINLAND | HELSINKI

두 소녀가 그려진 건물의 마켓홀은 현지인들과 관광객으로 넘쳐나 천천히 걸어야 할 정도로 붐볐다. 1층은 식료품과 델리를 파는 가게가 모여 있고 2층으로 올라가면 의류와 잡화를 파는 가게들이 있다. 추천 가게는 마리메꼬 하카니에미로, 마리메꼬 제품을 저렴하게 구매할 수 있는 아울렛 코너가 있다.

식품점에서 구입한 마리안네(Marianne) 민트맛 캔디. 다양한 종의 초콜릿과 캔디를 그램 단위로 판매한다.

MAP-184-4
open mon-fri 9-17:30 / sat 9-16
close sunday

Hesburger
헤스버거

헤스버거는 거리를 지나다니다 보면 흔히 볼 수 있는 핀란드의 패스트푸드 체인이다. H 로고를 이용한 디자인이 눈에 띈다. 유명 체인점들이 가진 화려함은 없지만, 그 소박함과 따뜻함이 한결 정겹게 느껴진다.

어린이 세트
작은 선물과 햄버거, 감자튀김, 음료와 무민 껌이 함께 나온다.

| FINLAND | HELSINKI

6B/6T 트램을 타고 종착역인 Toukonitty에서 하차해 2분 정도 걸으면 아라비아 핀란드 박물관에 도착한다. 티켓은 트램 안에서도 구매가 가능하다. 1시간 유효한 싱글티켓(Kertalippu)과 하루 동안 트램을 자유롭게 탈 수 있는 1일권이 있다.

ARABIA
아라비아

아라비아는 1873년 창업한 핀란드를 대표하는 도자기 브랜드다. 헬싱키의 교외 아라비아 지구에서 만들어져 디자인과 예술성뿐 아니라 사용자를 배려한 실용적인 디자인으로 많은 사랑을 받고 있다. 현재는 피스카스 Fiskars와 통합되어 브랜드가 합쳐졌다. 자연에서 모티브를 얻어 자유롭게 표현한 아라비아 그릇의 디자인은 따뜻한 온기를 담고 있다. 단순한 형태로 디자인된 그릇은 생활 속에서 시간이 흐를수록 그 가치가 빛난다.

쇼룸에는 현재 판매되는 이딸라와 아라비아의 제품이 모두 전시되어 있다.
이딸라의 키친웨어로 테이블 세팅이 되어 있다.

ARABIA Museum

9층은 박물관으로 1874년 처음 만들어진 작품부터 현재까지의 아라비아 그릇들이 시대와 작가별로 전시되어 있다. 예전의 아라비아 제품은 빈티지로 인기를 끌고 있다. 그 당시 만들어진 제품을 시대별로 살펴볼 수 있다.

<< 1874년부터 1907년 변화된 로고의 모습이다. 23년 동안 열두 번의 변화가 있었다.

< 아라비아 박물관의 입장권. 9층에서 표를 살 수 있다.

< 카이 프랑크의 사진이 눈에 띄었다.
1953년 아라비아 팩토리 건물의 9층에서 동료들과 찍은 사진으로 (왼쪽부터) Kaarina Aho, Saara Hopea, Ulla Procope, Kaj Franck.

< 카이 프랑크가 형태를 만든 그릇들이 지금도 판매되고 있다. 좀 더 편리하게 사용하도록 그릇의 곡선 정도만 바뀌었다.
Kaj Franck (1911-1989)
Series of dishes
BA Kilta, BA2 Kilta 1952-53 1964-1975
Creamer
MK 1949-62

| FINLAND | HELSINKI

ARABIA Factory

1947년 공장의 장소에 본사, 디자인 스튜디오, 박물관, 쇼룸을 모아 이 건물을 건축했다. 건물 안에는 헬싱키 예술 디자인 대학의 일부도 들어가 있다. 아라비아에서 일하는 사람들은 이 학교 출신이 많다고 한다.

아라비아의 PR 코디네이터 고바야시 크리스티나 Kobayashi Kristina 의 안내를 받아 공장을 견학했다. 공장은 천장이 높고, 각 공정마다 분리되어 있어 공기도 쾌적한 편이다. 넓은 공장 안에는 1940년대 만들어진 세계 최대 크기의 가마를 현재도 사용하고 있다. 86m의 터널 가마가 여러 대 있고, 24시간 가동된다. 9시간씩 3교대로 일하며 정중한 공정으로 그릇을 탄생시킨다. 그릇은 두 번 구워내면 굽기 전보다 크기가 14% 정도 줄어든다고 한다. 대부분의 공정이 기계화되었지만, 여전히 사람의 손을 거쳐 작업하는 과정이 남아 있다.

∧ 공장으로 내려가는 계단의 벽면에는 옛날 사람들이 도자기를 만드는 모습을 새긴 조형물이 있다. 조형물은 건물이 세워진 당시 모습 그대로 보존되어 있다.

< 컵의 손잡이 부분은 현재도 이런 틀에 만들어진다.

1 도자기로 만든 기둥은 공장이 세워졌을 때 만들어졌다.
2 공장에서 만난 세라믹 디자이너, 헤이니 리타흐타(Heini Riitahuhta), 헬싱키 공원에 세워질 조형물을 작업하고 있다.

 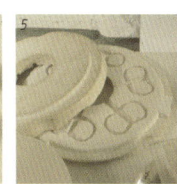  

3 이 형태를 뺀 나머지 그릇들의 틀 작업은 모두 기계로 작업한다.
4 왼쪽이 완성된 띠마 머그.
5 띠마 머그의 손잡이 부분을 굽는 용기.
6 한 번 구워낸 그릇에 그림을 붙이는 작업을 하고 있다. 그릇에 그림을 붙이는 작업은 예전에는 수작업으로 이뤄졌지만, 지금은 볼록한 곡선의 그릇을 제외하고 모두 기계로 작업한다.

| FINLAND | HELSINKI

Iittala Outlet
1층에는 아라비아, 로스트란드, 하크만의 키친 제품, 이딸라의 유리제품 등을 팔고 있다. 시즌이 지난 상품을 할인해서 파는 코너와 B급 제품을 할인된 가격으로 구입할 수 있는 아울렛 코너도 있다. 모든 상품을 한자리에 모아두어 비교해 볼 수 있어 편하다. 건물에는 디자인 숍과 우체국이 함께 있다.

ARABIA Moomin
아라비아 무민

아라비아 그릇 중에 가장 먼저 사용했던 것은 꼬마 미이가 그려진 녹색 머그이다. 토베 얀손의 무민이 핀란드 아라비아사에 의해 원화 분위기 그대로 그릇에 옮겨졌다. 띠마 0.3L 머그의 형태에 채도가 낮은 안정감 있는 색으로 그려져 캐릭터에 관심이 없는 어른들도 좋아하게 만들었다. 머그, 접시, 볼 등이 있고 그릇의 뒷면에는 아라비아 마크가 찍혀 있다. 아라비아의 제품에 있는 이 마크는 오븐과 식기 세척기에서 사용할 수 있다는 것을 알리는 표시다.

Glass
글라스

1932년 아이노 알토(Aino Aalto)가 디자인한 유리컵을 집에서 사용하고 있다. 빗살무늬는 손으로 잡았을 때 미끄러짐을 방지하고 컵을 아름답게 보이게 한다. 일상에서 사용하는 물건은 시간이 지날수록 그 가치가 드러난다. 나 또한 어느 순간부터 이 유리컵만 사용하게 되었다.

Teema
띠마

1948년 카이 프랑크가 만든 킬타(Kilta) 시리즈를 바탕으로 1952년 다시 디자인해 만든 띠마 시리즈는 핀란드어로 '테마'를 뜻한다. 장식을 배제한 단순함으로 기능미를 추구하고 직선적인 형태의 간소한 아름다움은 세대를 넘어 큰 사랑을 받고 있다. 핀란드의 카페와 식당, 가정에서도 띠마 시리즈는 계속 사용되고 있다.

평일에 예약하면 공장을 견학할 수 있다. 예약은 메일로 가능하다. arabia.visitors@iittala.com
아울렛에서 산 물건은 해외로 배송할 수 있다. 계산 전에 이야기하면 무게와 배송비를 함께 알려준다. 한 박스에 10유로의 포장비가 추가되고 EMS로 배송해준다.

Hämeentie 135, 00561 Helsinki
Tel +358 (0)204 3910
www.arabia.fi
open mon-fri 10-20 / sat-sun 10-16
close sunday(cafe)

| FINLAND | HELSINKI

Esplanadi Park
에스플라나디 공원

핀란드에 머무는 동안 가장 많이 지나다닌 거리인 에스플라나디는 헬싱키 하면 가장 먼저 떠오르는 길이다. 공원을 사이에 두고 핀란드를 대표하는 아르텍, 마리메꼬, 이딸라 등의 브랜드가 양옆으로 줄지어 있다. 브랜드 숍에 들어가 물건을 구경하는 것도 즐거웠지만, 이 거리를 걷고 있다는 것이 좋았고 기뻤다. 녹색 잔디가 펼쳐진 그곳을 바라보는 것만으로도 기분전환이 됐다.

MAP-184-5

1 공원에는 벤치가 줄지어 놓여 있다. 날씨 좋은 날에는 잔디와 벤치 위에 사람들로 가득 찬다.
2 가게 사이사이에는 쉴 수 있는 카페도 여러 곳 있다.

Kauppatori
카우파토리

카우파토리는 항구 근처에 있는 마켓 광장으로 이른 아침부터 열린다. 커피와 식사를 할 수 있는 간이 식당이 펼쳐져 있고 빵, 과일 등의 먹거리를 팔고 있다. 6월은 베리의 계절이 시작되어 딸기와 체리를 저렴한 가격으로 구입할 수 있다. 핀란드를 대표하는 나무로 만든 컵과 버터나이프를 파는 기념품 가게도 모여 있고 털모자와 미튼(벙어리 장갑)을 파는 아주머니들도 있다.

MAP-184-6
open mon-sat / sun(summer)
close sunday

| FINLAND | HELSINKI

Kiasma
키아즈마

<u>미술관 카페에서 점심</u>

헬싱키 중앙역 근처에 있는 현대미술관은 미국의 건축가 스티븐 홀이 디자인해 1998년 문을 열었다. 1층에는 예술 관련 상품을 파는 숍과 카페가 있다. 카페는 커피는 물론, 식사도 가능하다. 점심시간에는 신선한 샐러드와 수프, 빵을 자유로 먹을 수 있는 샐러드 바가 준비되어 있다. 가짓수는 적지만 맛이 좋아서 늦은 점심시간이었는데도 사람이 많았다. 헬싱키의 대부분 카페는 셀프서비스 방식과 샐러드 뷔페로 자유로운 분위기다. 점심 뷔페는 평일 11시부터 오후 3시까지다.

MAP-184-7
Mannerheiminaukio 2, Helsinki
Tel +358 (0)9 1733 6501
www.kiasma.fi
open tue 9-17 / wed-fri 10-20:30 / sat-sun 10-18
close monday

Supermarket
슈퍼마켓

헬싱키 시내에는 크고 작은 슈퍼마켓이 있다. 자주 이용한 곳은 중앙역과 가까운 S마켓과 스토크만 백화점 지하에 있는 슈퍼마켓이다. 슈퍼마켓에서 반드시 눈에 띄는 두 가지는 젤리와 무민이 그려진 제품이다.

Stockmann
스토크만

1 핸드메이드 빵을 위한 이스트
2 유기농 녹차
3 LU사의 무민 쿠키
4 자일리톨 무민 치약
5 자일리톨 무민 껌
6 무민 밀크 초콜릿

S-Market
에스-마켓

1 여우가 그려진 패키지에 설탕이 묻은 젤리가 낱개 포장되어 있다.
2 무민 젤리, 무민에 등장하는 캐릭터 모양으로 과일맛이다.
3, 4, 5 핀란드의 명물, 감초로 만든 검은색 젤리로 다양한 모양이 있다.

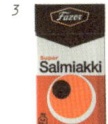

| FINLAND | HELSINKI

헬싱키에 온 지 4일이 지났다. 바닥에 깔린 올록볼록한 돌 위를 걷고 길을 가로지르는 트램이 지나는 거리의 풍경들도 익숙해지기 시작했다. 숙소로 돌아가는 길목에서 디자인이 낯익은 카페를 발견했다. 반가운 마음에 카페 문을 열었다.

SIS. DELI+CAFÉ
시스 델리+카페

웹에서 본 사진 속의 가게와 패키지 디자인이 마음에 들어 스크랩을 해둔 곳이다. 두 가지 색을 사용해 만든 체크 무늬의 패턴과 로고가 깔끔한 인상을 주고 검은 선반과 흰 테이블이 놓인 가게는 단정하고 깨끗한 분위기다. 이 카페는 헬싱키에 3개의 지점을 둔 핀란드의 프랜차이즈 카페다. 빵과 샌드위치, 샐러드를 활용한 도시락을 팔고 포장도 가능하다. 선반 위에는 유기농 재료로 만든 잼, 차, 주스 등의 핸드메이드 식품을 판매하고 있다. 북유럽에서 아침으로 가장 많이 먹은 것은 샌드위치다. 주재료는 신선한 녹색 채소와 오이, 토마토, 치즈와 햄이다. 단순한 재료지만 통밀빵과 어울려 매일 맛있게 먹었다.

이날도 아침으로 채소가 가득 들어 있는 샌드위치와 카푸치노, 그리고 크루아상을 주문했다. 자전거와 자동차의 중간쯤으로 보이는 전용차가 도착해 빵과 재료를 배달해주는 모습도 보이고, 아침 시간이어서 그런지 커피와 샌드위치를 포장해 가는 사람이 많았다.

헬싱키를 떠나는 마지막 날, 아쉬움에 커피와 파이를 사서 기차역으로 향했다.
카렐리아 피락카 Karjalan Piirakka 는 호밀로 만든 반죽에 감자와 우유로 익힌 쌀을 채워서 오븐에 구워낸 파이이다. 아침이나 간식으로 핀란드 사람들이 즐겨 먹어 빵가게와 슈퍼마켓에서 흔하게 볼 수 있다.

1 포장할 때 담아주는 종이봉투
크라프트지에 카페의 로고와 캐릭터가 그려져 있다.
2 커피와 시나몬롤
북유럽에서 먹은 시나몬롤은 조금 퍽퍽하고 많이 달지 않다.

MAP-184-8
Kalevankatu 4, 00100 Helsinki
Tel +358 (0)10 422 9301
www.sisdeli.fi
open mon-fri 7-20 / sat 9-18
close sunday

| FINLAND　　| HELSINKI

Helsinki Paapostitalo
헬싱키 중앙우체국

길을 걸을 때마다 눈에 띄는 오렌지색 사각통이 있다. 파란 동그라미가 몸통 가운데 그려져 있는 핀란드의 우체통이다. 오렌지색 우체통을 마주칠 때마다 기분이 좋아졌다. 여행지에서 그 나라의 우체국에 들르는 일은 즐겁다. 그곳에서만 살 수 있는 엽서와 우표를 고르고 나서 나와 가족에게 편지를 보냈다.

헬싱키역 앞에 있는 중앙 우체국은 언제나 사람들로 붐빈다. 1층은 우편 관련 업무를 하는 보통의 우체국과 같다. 다만, 일반적인 갈색봉투와 소포 상자가 아닌 핀란드를 대표하는 브랜드의 패턴과 일러스트가 우체국의 상품에 디자인되어 있다. 마리메꼬의 꽃 패턴과 무민 그림이 그려진 봉투, 소포 상자가 가득 진열되어 있고 엽서와 우표도 매우 다양해 고르는 데 시간이 한참 걸렸다. 우체국의 귀여운 디자인에 놀라며 몇 가지를 선택했다. 2층은 우편 관련 상품을 파는 숍과 카페가 있다. 카페의 테이블에는 편지를 쓰고 있는 여행자의 모습이 여럿 눈에 띄었다.

1 기본형과 무민 일러스트가 그려진 봉투와 소포 상자
2 우표나 엽서를 담아주는 봉투
3 마리메꼬 패턴이 그려진 엽서
4 무민이 그려진 엽서와 우표 세트 / 해마다 디자인이 달라진다.

Postimuseo
우편박물관

중앙우체국 옆에는 우편박물관이 있다. 우편에 관련된 모든 것이 전시되어 있고 직접 체험할 수 있는 설치물도 있다.

옛날 편지를 배달할 때의 소리와 흑백영상을 감상할 수 있고, 그 시절의 집배원이 되어 페달을 밟아 속도를 체험할 수 있는 설치물도 있다. 색과 형태를 선택해 간단히 디자인한 우표를 프린트할 수도 있다. 우편과 관련된 여러 가지 자료들이 시대별로 알기 쉽게 전시되어 있다.

MAP-184-9
Asemaaukio 5, 00560 Helsinki
Tel +358 (0)20 451 4888
www.posti.fi/postimuseo
open mon-fri 10-18 / sat-sun 11-16

| FINLAND | HELSINKI

KAHVILA SUOMI
카하비라 수오미

일본 영화 〈카모메 식당〉의 무대가 됐던 한적한 골목에 있는 식당을 찾았다. 카하비라 수오미는 '카페 핀란드'라는 뜻이고 입구에는 영화 제목 그대로 카모메 식당이란 글자가 함께 적혀 있다. 천장과 벽은 영화에서처럼 나무에 파란색이 칠해져 있지만 영화 속의 가구와 배치, 그릇은 다르며 오니기리는 없다. 이렇게 영화와는 달랐지만 어쩐지 익숙한 느낌이 들었다.

핀란드 가정식을 기본으로 한 런치는 매일 바뀌는 정식과 6가지 정도의 메인 메뉴가 있다. 메인을 주문하면 수프와 빵, 간단히 준비된 몇 가지 샐러드와 드링크 바를 자유롭게 이용할 수 있다. 런치 메뉴는 오후 3시까지 주문할 수 있으며, 양이 넉넉하고 가격이 저렴해 누구나 쉽게 들어와 먹는 동네식당의 분위기다. 인근 부두에서 일하는 아저씨들도 즐겨 찾는다.

〈카모메 식당〉 때문인지 한 테이블을 제외한 나머지 손님들은 모두 관광객이었다. 특히 일본인들이 많이 찾아와 일본어 메뉴판이 따로 준비되어 있다.
런치 메뉴에서 미트볼 세트와 치킨 세트를 주문했다. 메인과 함께 곁들여 나오는 감자요리는 모두 5가지로 좋아하는 것을 한 가지 선택하면 된다. 감자요리는 매쉬포테이토를 선택! 커다란 흰 접시에 듬뿍 담겨 나온 요리와 감자의 양에 놀랐다.

치킨 세트와 미트볼 세트
수프와 간단한 샐러드, 빵도 먹을 수 있다.
메인 요리만으로도 배가 부를 만큼 많은 양이 나온다.

MAP-184-10
Pursimiehenkatu 12, 00150 Helsinki
Tel +358 (0)9 657 422
www.kahvilasuomi.fi
open mon-fri 9-18
close sat, sunday

| FINLAND | HELSINKI

Tuomiokirkko
헬싱키 대성당

항구로 가는 길에는 헬싱키를 상징하는 건물, 대성당이 있다. 높은 계단 위에 솟아 있는 건물 아래에는 사진을 찍는 사람들로 분주하다.
대성당은 헬싱키를 대표하는 건물로 카르 엥겔이 설계해 1852년 완성되었다. 겉모습은 녹색과 파란색의 중간 빛을 내는 둥근 돔을 축으로 좌우대칭을 이루는 형태다. 관광버스에서 내린 단체 여행객들이 기념사진을 찍고 가는 곳이다.

Café Engel
카페 엔젤

<u>여행과 카페</u>

헬싱키 대성당의 건너편에 있는 카페를 찾았다. 보통은 아무것도 넣지 않은 커피를 마시지만, 여행 중에는 카푸치노를 주문한다. 부드럽고 밀도 높은 거품을 한 모금 마시는 것만으로도 지친 다리가 조금 풀리는 기분이 든다.
카페에 앉아 지나가는 트램과 대성당 앞의 사람들을 보면서 잠시 쉬어간다.

MAP-184-11
Aleksanterinkatu 26, 00170 Helsinki
Tel +358 (0)9 652 776
www.cafeengel.fi
open mon-fri 8-23 / sat 9-23 / sun 10-23

| FINLAND | HELSINKI

marimekko
마리메꼬

마리메꼬는 마리의 드레스를 뜻하며 핀란드를 대표하는 텍스타일 브랜드다.
거리 사람들의 옷과 가방에서 카페의 그릇, 우체국의 소포 상자, 슈퍼마켓의 종이컵까지 어디를 가도 마리메꼬의 패턴이 눈에 띄었다.
빨간색 메트로를 타고 마리메꼬 팩토리 숍에 도착했다. 미리 예약을 하면 공장 견학도 할 수 있다. 팩토리 숍에는 다른 매장보다 몇 배로 다양한 상품을 팔고 있다. 시즌이 지난 상품은 할인해서 팔고, 천과 지퍼 등의 부자재를 파는 할인 코너도 있다.

마리메꼬 로고가 그려진 차는
멀리서도 한눈에 들어온다.

마리메꼬는 1949년, 아르미 라티아 Armi Ratia와 빌리오 Vilijo 부부가 천 회사를 인수하면서 시작됐다. 당시에는 발수성(표면에 물이 잘 스며들지 않는 성질)이 있는 실용성을 강조한 천을 생산하고 있었다. 라티아 부부는 실용적인 천에 아름다움을 더하기 위해 그래픽디자이너와 함께 참신하고 화려한 라인을 만들어 발표했다. 전통만을 고수하던 천시장에 모던하고 대담한 디자인을 선보이며 새로운 천으로 컬렉션을 만들어 탄생한 회사가 마리메꼬다. 텍스타일 브랜드로 시작한 마리메꼬는 옷과 가방, 주방제품과 생활용품으로 그 영역을 넓혀 핀란드와 북유럽을 대표하는 상징이 되었다.

Metro Herttoniemi
Kirvesmiehenkatu 7, 00880 Helsinki
Tel +358 (0)9 758 7244
www.marimekko.com
open mon-fri 10-17 / sat 10-14
close sunday

| FINLAND | HELSINKI

Factory

공장과 스튜디오, 팩토리 숍이 함께 있는 본사를 찾았다. 세계적으로 유명한 마리메꼬는 2011년 60주년을 맞았다. 입구에는 새로운 작품들이 전시되어 있다. 급류와 바람을 이미지화해서 만든 화가 아스트리드 시르완 Astrid Sylwan 의 그림을 가지고 만든 패브릭 제품이 함께 전시되어 있다. 디자이너의 개성이 살아 있는 기업답게 마리메꼬는 언제나 새로운 시도를 하고 있다.

마리메꼬 홍보 담당 마리에트 헤이키라 Maarit Heikkilä 의 안내를 받아 천에 프린트를 입히는 공장을 견학했다.

길이 21m의 기계에 천이 프린트되고 있다. 인쇄된 천은 몇 단계의 온도 변화를 거쳐 천에 색을 입히는데, 이 과정을 거치며 점차 색이 옅어진다. 꼼꼼한 검품으로 합격을 받은 천만이 제품으로 만들어져 소비자를 만난다.

1 1960년대 패턴으로 만든 드레스로 탄생 60주년을 기념해 재클린 리 케네디가 미국에서 입었던 마리메꼬의 옷을 선보였다.

2 패브릭과 옷 이외에 키친웨어 제품도 다양하다. 양말이 흘러내리는 모양에서 영감을 얻어 만든 글라스로 이름도 루즈 삭스(Sukat Makkaralla)다.

| FINLAND | HELSINKI

Unikko Fabric
우니꼬 패브릭

팩토리 숍의 할인 코너에서 사온 파란색 우니꼬 패브릭을 사용해 만들었다. 한 줄로 긴 끈을 달아서 봄이나 여름에 어깨에 걸치고 가볍게 멜 수 있다.

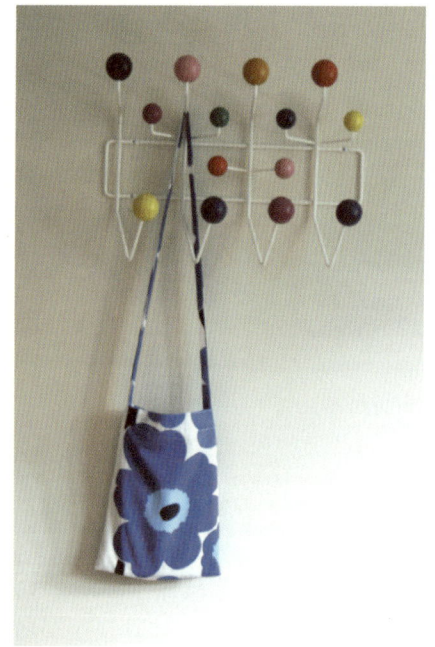

PIENI UNIKKO
디자이너 : MAIJA ISOLA, 1964
팩토리 숍의 아울렛 코너에서
사온 우니꼬 패브릭

Maija Isola
마이야 이솔라 (1927-2001)

헬싱키 북쪽에 있는 리히메키에서 태어났다. 1946년 헬싱키의 학교에서 텍스타일을 배웠고 1949년에 마리메꼬의 디자이너로 일하기 시작했다.
1964년 탄생한 우니꼬는 원색의 강렬한 색을 기본으로 자연의 꽃문양에서 영감을 받아 큼직하고 대담한 기하학적 패턴으로 새로운 장르를 만들어냈다. 핀란드 사람들이 가장 사랑하는 국민 패턴이다. 우니꼬를 시작으로 500종류 이상의 디자인을 만들었고, 마리메꼬를 대표하는 디자이너로 1987년까지 패브릭 디자이너로 일했다.
밝은 색조합과 그래픽은 그녀만의 특징이다. 현재는 그녀의 딸, 크리스티나 이솔라에 의해 다시 부활해 시대에 맞게 계속해서 변형된 디자인을 선보이며 꾸준한 인기를 얻고 있다.

팩토리 숍에서 파는 자투리 천을
이용해 만든 가방과 장갑
(make / teve)

1 LAPPULIISA·
MAIJA LOUEKARI 2010
2 MINI UNIKKO
MAIJA ISOLA 1965 : K,I 2009
3 PUUTARHURIN PARHAAT
MAIJA LOUEKARI 2009
4 DOMINO
NOORA NIINIKOSKI

5 「surrur」는 마리메꼬에서 발행한 만들기 책으로 아티스트들이 마리메꼬의 천을 활용해 만든 작품이 소개되어 있다.

| FINLAND | HELSINKI

TORI
토리

토리는 핀란드어로 '광장'을 뜻한다. 헬싱키의 마켓 광장에 펼쳐진 간이식당처럼 누구나 쉽게 들어와 편하게 먹을 수 있는 핀란드의 동네식당이다. 테라스에도 식사를 할 수 있는 공간이 있고, 식당 안의 자리도 넉넉하다.

칠판에는 평소보다 저렴한 가격에 먹을 수 있는 그날의 런치 메뉴가 적혀 있다. 물론 다른 메뉴도 주문이 가능하다. 주메뉴는 샐러드와 샌드위치, 파스타로 각각 여러 가지 종류가 있다. 점심을 즐기고 있는 사람들은 관광객과 단골손님, 근처에서 찾아온 사람들까지 다양해 보였다. 식당의 한쪽에 있는 작은 책꽂이에는 잡지와 책이 있어 편하게 가져다 볼 수 있다. 특별할 것은 없지만 소소한 동네식당의 분위기가 편하게 느껴진다.

미트볼을 주문했다. 매시포테이토와 잼이 곁들여 나왔다. 식사를 주문하면 빵은 무료로 먹을 수 있다.

MAP-184-12
Punavuorenkatu 2 00 110, Helsinki
Tel +358 (0)9 687 43 790
open mon-fri 10-21 / sat-sun 10-19

Eat & Joy Maatilatori
잇 앤 조이 마틸라토리

포럼에서 중앙역 쪽으로 길을 건너면 핀란드의 유기농 재료로 만든 계절 음식을 파는 식료품점이 있다. 모든 제품이 소규모 생산자로부터 직접 받아왔기에 신선하고 믿을 수 있다. 빵과 치즈, 잼을 비롯해 직접 만든 맥주, 훈제 요리도 있다. 그 외에도 초콜릿과 쿠키 등의 간식거리와 과일, 채소도 함께 팔고 있다.
음식과 식재료뿐 아니라 핸드메이드 브러시와 바구니, 리넨도 팔고 있어 기념품을 고르기에도 안성맞춤. 헬싱키의 반타공항 안에도 입점해 있어 출국 전에 들러 볼 수 있다.

MAP-184-13
Mannerheimintie 22-24, 00100 Helsinki
Tel +358 (0)45 250 5333
www.viisitahtea.fi/eat-and-joy/maatilatori
open 10-21 / sat 10-18 / sun 12-17

| FINLAND　　　| HELSINKI

4번 트램을 타고 알토 하우스와 스튜디오가 함께 있는 동네에 도착했다. 알토 스튜디오가 있는 아래쪽으로 조금 걷자 넓은 잔디가 펼쳐지고 주위에는 빼곡히 나무가 심어져 있다. 나무 건너편에는 작은 호수가 있고 동네 주변은 조용하고 잘 정리된 고급 주택가다.

Aalto House
알토 하우스

알바 알토 Alvar Aalto를 빼고는 핀란드, 북유럽의 디자인을 말할 수 없다. 헬싱키의 서쪽에 있는 알토 하우스는 알바 알토가 건축하고 살았던 자택으로 2002년부터 일반인에게 공개되고 있다.

아름답고 따뜻한 풍경은 보는 것만으로도 기분을 차분하게 한다. 한적한 주택가는 깨끗하고 단정한 인상이다. 알토 스튜디오를 알리는 작은 표지에 반가운 마음이 들어 집 주변을 한 바퀴 돌아보다가 잔디로 둘러싸인 정원에서 다람쥐를 만났다. 주택 한가운데서 야생동물을 만날 수 있는 것이 신기하기도 하고 부럽기도 했다. 알토 하우스는 스튜디오에서 10분 정도 떨어진 곳에 있다. 예약한 시간에 맞춰 알토 하우스로 가자 다양한 나라에서 온 사람들이 한 줄로 늘어서 기다리고 있다. 안내자를 따라 알토 하우스로 들어가기 전, 입구에서 신발에 비닐 신발을 덧신어야 들어갈 수 있다. 이런 이유에서인지 일반인에게 공개된 지 수년이 지났지만 여전히 잘 보존되어 있다.

< 부엌에 놓인 테이블과 조명은 1950년대 알바 알토가 제작한 것이고, 의자는 1924년 신혼여행에서 구입한 것이라고 한다.

> 거실의 서재에 있는 2면의 창으로 밝은 빛이 가득 들어온다.

| FINLAND | HELSINKI

알토 하우스에서 가장 감탄한 것은 빛이다. 집 전체에 채광이 좋아 집안 구석구석까지도 밝은 빛이 잘 전달된다. 알바 알토, 아이노 알토 부부와 그들의 가족이 살았던 자택과 아틀리에로 1935-36년에 설계, 건축됐다.
1층은 거실과 아틀리에, 부엌이 있고 2층은 테라스와 침실이 있다. 인테리어와 가구, 조명, 문까지 알바 알토의 취향이 담겨 있다. 일본의 영향을 받아 만들었다는 미닫이문이 아틀리에와 거실을 나누고 있다. 거실에는 알토의 텍스타일로 된 피아노와 *아르텍에서 만든 가구가 놓여 있다. 그가 활약했던 1930년대는 금속 소재를 가지고 가구를 만든 시대였다. 그 시대에 나무로 곡선을 만들어 가구를 만들었다.

1 1층의 아틀리에와 거실을 나누고 있는 미닫이문
2 부엌에 있는 수납장 안에 들어 있는, 철사로 만든 로봇
3 2층에 있는 거실

*아르텍(artek)은 1953년 알바 알토와 아이노 알토, 역사학자인 닐스 구스타프 할, 마이레어 그릭센이 가구, 조명 기구를 전문으로 판매하는 회사로 설립했다. 아르텍은 아트와 테크놀로지를 의미한다.

Riihitie 20, FIN-00330 Helsinki
Tel +358 (0)9 481 350
www.alvaraalto.fi
open Jan.10-Apr.30 : tue-sun 13-17
　　　 May.1-Sep.30 : tue-sun 13-18 / Aug.1-Aug.31 : mon-sun 13-18
close monday

4번 트램을 타고 Laajalahdentie에서 하차
입장과 가이드 투어는 오후 1, 2, 3, 4, 5시에 한 번씩 시작된다.
사전 예약제로 메일과 전화로 예약할 수 있다.
riihitie@alvaraalto.fi

| FINLAND | HELSINKI

내일이면 떠나는 아쉬움에 이른 아침 숙소를 나섰다.
핀란드의 디자인을 볼 수 있는 박물관과 디자인 포럼 핀란드를 출발지로 정했다.
디자인 포럼 핀란드의 건너편에 있는 작은 공원의 벤치에서 트램이 지나가는 걸 보기도 하고 멀찍이 내려앉아 총총 걷는 새들도 보며 문 여는 시간을 기다렸다.

Design Forum Finland
디자인 포럼 핀란드

다양한 디자인 상품을 한데 모아놓은 숍으로 헬싱키 디자인의 트렌드를 한눈에 볼 수 있는 곳이다. 젊은 디자이너의 작품을 가장 먼저 접할 수 있고, 안에는 전시 공간도 있다. 1875년부터 핀란드 공예와 디자인 협회의 후원으로 핀란드 디자인에 대한 관심과 정보를 전달하고 국제적인 교류도 이루어지고 있다.
2005년에는 다이아나공원 주변에 형성된 디자인 구역 Design District 을 체계화해 활동 영역을 넓히고 있다.

애플 케이크와 커피 5유로

한쪽에는 며칠 전 벼룩시장에서 돌아오는 길에 들렀던 카쿠 갤러리아 Kakku galleria가 입점해 있다. 그날 먹었던 케이크 맛이 아주 좋아서 다시 먹고 싶었는데, 이곳에서 만나니 정말 반가웠다. 숍을 둘러보고 쉬어갈 겸, 케이크와 커피를 주문했다. 아침인데도 역시 맛있게 먹었다.

「NEW ARRIVALS 15 FINNISH FASHION DESIGNERS」
디자인 포럼 핀란드에서 구입한 책

MAP-184-14
Erottajankatu 7, FI-00130 Helsinki
Tel +358 (0)9 6220 810
www.designforum.fi
open mon-fri 10-19 / sat 10-18 / sun 12-17

| FINLAND | HELSINKI

Napa Gallery & Shop
나파 갤러리 앤 숍

나파북스는 1997년, 아티스트 엔니 로페 Jenni Rope 가 시작한 예술과 그래픽 책, 그리고 플립 북을 만드는 출판사다. 디자인 디스트릭트의 둥근 스티커가 붙은 나파는 아트북 출판사인 나파북스의 갤러리와 숍이다. 몇 개의 계단을 오르면 작지만 알찬 나파의 공간이 펼쳐진다. 책장과 작은 테이블은 나파의 숍이다. 책장에는 아트북들이 진열되어 있다. 나파북스에서 출판한 책과 이곳에서만 볼 수 있는 독립출판책, 플립 북, 일본과 스페인, 포르투갈 등에서 만든 책과 노트를 팔고 있다. 핀란드 신진 작가들의 신발과 액세서리 등도 진열, 판매하고 있다.

MAP-184-15
Eerikinkatu 18, 00100 Helsinki
Tel +358 (0)45 634 6855
www.napagalleria.com
open 12-18 / sat 12-16
close mon, sunday

가게의 한쪽이 나파 갤러리로 핀란드의 젊은 예술가와 큐레이터 그룹에 의해 관리되는 비영리 전시 공간이다. 전시는 일러스트, 사진을 위주로 나파의 벽과 창을 포함한 모든 공간을 활용한다.

나파에서 구매한 플립 북

1 「Nice to meet you」
네네 츠보이가 2007년에 만든 플립 북이다.

2 「Marumaru Mugs」
네네 츠보이는 오사카 출신으로 헬싱키에서 활동하는 아티스트다. 마루는 일본어로 동그라미를 의미한다. 머그에 동그라미를 이어 동물을 그렸다. 책장을 넘기면 동물이 움직이면서 기린, 말, 사슴, 낙타 등 다른 동물로 바뀐다. 2008년 이딸라와 콜라보레이션해 아라비아 공장에서 만들었고 머그는 1952년 카이 프랑크가 만든 띠마다.
www.nenetsuboi.com

3 「My Forest Jenni Rope」
엔니 로페가 2009-2010년 시카고, 베를린, 도쿄에 있는 〈나의 숲〉 전시를 위해 만든 그림을 모은 것이다. 스튜디오에서 작업하는 과정과 영감을 받는 방식이 소개되어 있다. www.jennirope.com

Sushibar
스시바

스시와 와인을 파는 스시바는 마리메꼬의 키친웨어와 아르텍 가구를 사용해 캐주얼한 분위기를 살렸다. 안에는 작은 전시 공간이 있고 마리메꼬의 그릇과 일본식품을 판매하는 코너도 있다. 스시바가 있는 길은 젊은 아티스트들이 즐겨 찾아 활기가 넘친다.

MAP-184-16
Uudenmaankatu 15,
00120 helsinki
www.sushibar.fi
open 11-22 / sun 14-22

| FINLAND | HELSINKI

Design District Helsinki
디자인 디스트릭트 헬싱키

헬싱키에서 감각적인 가게를 찾고 싶으면 디자인 디스트릭트 헬싱키 마크가 붙은 곳에 가면 된다. 디자인 포럼 핀란드에서 지정한 숍은 둥근 스티커가 문 앞에 붙여져 있다. 무료로 배포하는 지도에는 간단한 설명과 위치가 나와 있어 지도를 보면서 가게를 찾을 수 있다.

아동복 가게, 디자인 디스트릭트 가게를
알리는 포스터가 붙어 있다.

앤티크 숍
가게의 모든 물건에 오랜 세월이 묻어난다.
낡고 낡은 트럼펫이 마음에 들어 주인아주머니께 가격을 물어보니, 미소를 지으시며 선물로 주셨다. 트럼펫이 묶여 있는 고무줄도 나이를 가늠하기 어렵게 닳았지만 마음에 든다.

Designmuseo
디자인박물관

디자인박물관은 고전과 현대의 것이 한데 어우러진 곳으로 지하에는 핀란드의 잡화가 전시되어 있고, 층마다 다른 콘셉트로 전시가 진행 중이다. 새로운 기획전시도 열리고 있어서 현지인과 관광객 모두에게 환영받고 있다.

MAP-184-17
Korkeavuorenkatu 23, 00130 Helsinki
Tel +358 (0)9 622 0540
www.designmuseum.fi
open tue 11-20 / wed-sun 11-18
close monday

| FINLAND | HÄMEENLINNA

이딸라는 헬싱키의 북쪽 헤멘린나 지방에 있다. 시내에서 차로 1시간 정도 떨어진 교외에 있는 한가롭고 작은 마을이다. 헬싱키 중앙역에서 탐페레로 가는 기차를 타고 이딸라역에서 내리면 된다. 이딸라역은 급행열차는 서지 않고 지나가는 작은 곳이어서 역마다 서는 완행열차를 타야 한다.

Iittala Glass Center
이딸라 글라스 센터

역에서 내려 길을 건너면 글라스 센터의 작은 표지판이 보인다. 몇 개의 표지판을 지나 천천히 10분 정도 걸으면 도착한다. 이딸라 글라스 센터에는 공장, 박물관, 아울렛, 식당이 함께 모여 있다. 이딸라는 1881년 설립된 핀란드의 글라스 브랜드다. 일상에서 항상 사용하는 테이블웨어를 실용적이면서 아름다운 디자인으로 만들었다. 알바 알토, 아이노 알토, 카이 프랑크 등 세계적으로 유명한 디자이너와 숙련된 유리 장인들이 제작한 제품들은 많은 상을 받았고, 간소한 아름다움은 세대를 넘어 계속해서 사랑을 받고 있다.

Glass Work

사전에 예약을 하면 하루에 두 번, 12시와 3시에 공장을 견학할 수 있다. 공장에서는 이딸라의 유리 제품이 만들어지는 과정을 볼 수 있다. 뜨겁게 달궈 몇 번이고 형태를 다듬고 완성된 제품이라도 검사에 들어가면 절반 이상의 제품이 재활용통으로 분리된다. 이딸라의 제품은 실용성과 아름다움뿐 아니라 인체와 환경에도 해가 적은 무납유리를 사용한다. 유리 제품은 매일 곁에 두고 자주 사용하는 물건이니 사람과 자연을 생각해 만들기 때문이란다.

이딸라 글라스 센터의 예약은 전화, 팩스, 메일로 가능하다.

Tel +358 (0)204 39 6230 / Fax +358 (0)204 39 3516
mail iittala.museum@iittala.com
www.iittala.com
open May-Aug : mon-sun 10-18
        Sep-Apr : sat-sun 10-17

| FINLAND　　　| HÄMEENLINNA

Iittala Glass Museum

이딸라 공장의 90주년을 기념하여 1971년 박물관을 열었다. 건축가 주하니 키비코스키 Juhani Kivikoski 에 의해 오래된 외양간에 박물관이 설계됐다.

1881년 창업한 이래, 작품들이 시대별로 전시되어 있다. 알바 알토의 꽃병을 만들 때 사용했던 목제틀과 유리 제품을 만들 때 사용하는 도구들이 쓰임새별로 전시되어 있어 만들어지는 과정을 쉽게 이해할 수 있다.

Aino Aalto 1932
Set of glasses

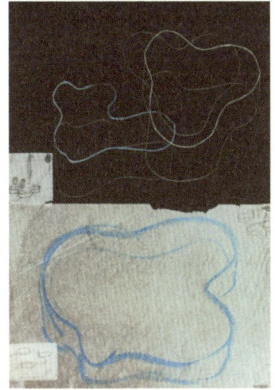

Alvar Aalto 1936
Vases and a Wooden mould

Iittala Outlet

아울렛에는 이딸라의 유리 제품과 아라비아의 그릇, 피스카스의 제품을 팔고 있다.
신상품은 물론 다양한 라인의 제품이 갖춰져 있고 조금 결점이 있는 B급 제품과 시즌이 지난 제품은 할인된 가격에 구입할 수 있다.

카이 프랑크의 탄생 100주년을 기념해 1955년 팩의 디자인을 실려 발매한 카르티오 글라스 시리즈다. 카르티오는 콘(cone)이란 뜻으로 콘처럼 패키지에 물컵이 겹쳐진 모습을 컬러로 표현했다.

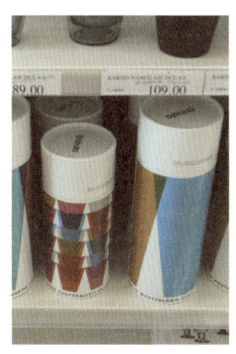

Kaj Franck - Kartio Juomalasi

Könnölänmäentie 2, 14500 Iittala (Hämeenlinna)
tel +358 (0)204 39 3512
www.iittalaoutlet.fi
open May-Aug : 10-20
　　　 Sep-Apr : 10-18

Column #1
여행에서 돌아와

Paratiisi
cup&saucer

시나몬롤과 커피

카모메 식당의 '사치에'처럼 마음속으로 '코피루왁' 하고 주문을 외우고 드립으로 서서히 진한 커피를 내린다.
오븐에는 여행을 하면서 종종 먹었던 시나몬롤이 구워지고 있다. 처음 한입을 먹자 식감이 퍽퍽하고 달지 않은 게 의외로 맛이 없었지만, 빵을 살 때마다 쟁반에 담았던 시나몬롤이 생각난다. 그날을 떠올리며 커피와 갓 구워낸 시나몬롤을 접시에 담는다.

여행지에서 사온 기념품

1 무민 파파 머그, 2009년 여름 한정 머그 2 양이 그려진 티슈 3 알바 알토의 캔들 홀더
4 마리메꼬 오븐 장갑 5 마리메꼬 냅킨 6 일본 동북지역의 재해 재건을 위한 에코백
7 핀란드의 명물, 감초 젤리 8 물에 타먹는 민트 9 바닐라 설탕

| FINLAND | TURKU

Turku Åbo
투르쿠 오보

기차에서 내려 가장 먼저 눈에 들어온 것은 투르쿠라는 이름 옆에 함께 적힌 오보라는 글자다. 핀란드의 서쪽 끝에 있어 스웨덴과 가장 가깝고, 13세기에 스웨덴의 식민지였던 투르쿠는 여전히 스웨덴어의 도시명인 오보라는 이름을 사용하고 있다. 1812년까지 핀란드의 수도였고 헬싱키에 이어 제2의 도시로 불린다.

점심
투르쿠 마켓 광장 근처에 있는 동네식당이다.
주메뉴는 샌드위치와 샐러드로 클럽 샌드위치와 커피를 주문했다.

| FINLAND | TURKU

Luostarinmäki Handicrafs Museum
루오스타린매키 수공예박물관

과거로의 여행, 야외박물관

하나부터 열까지 모두 사람 손을 거쳐 만들어진 핀란드의 전통적인 수공예품이 옛날 모습 그대로 재현되어 있다. 우체국, 활판인쇄소, 빵, 구두 등의 작은 공방과 그 당시 사람들이 살았던 집의 가구와 물건들이 보존된 방도 볼 수 있다. 삐거덕거리는 낡은 마룻바닥을 걸으며 그때의 모습을 상상해본다.

< Butik Shop
입구에 있는 기념품 가게에는 핀란드의 다양한 수공예품을 팔고 있다.

MAP-185-1
Luostarinmäki, FIN-20700 Turku
Tel +358 (0)2 2620 350
www.turku.fi/museo
open mon 10-15 / tue-sun 10-18
close holiday

< 안내를 해주는 사람들도 전통 복장을 하고 있다.

Eerikinkatu
마켓 광장

중앙역에서 아래로 내려오면 번화한 상점가와 마켓 광장이 나온다. 헬싱키보다는 작은 규모지만 신선한 채소, 과일, 꽃을 판매하는 시장은 활기가 넘쳐난다. 6월은 베리의 계절이 시작되어서 신선한 딸기와 체리를 저렴한 가격에 팔고 있다. 수오미산 채소와 과일, 그릇과 생활용품을 파는 작은 벼룩시장, 나무로 만든 공예품까지 규모는 작지만 다양한 물건들을 만나볼 수 있다.

<< 과일 가게에서
할머니를 도와 일하는 소녀

< 꽃가게에서 본 은방울꽃은
두 묶음을 사면 할인해준다.

MAP-185-2

| FINLAND | TURKU

무민의 날, 투르쿠에 온 가장 큰 이유는 무민 계곡의 무민을 만나기 위해서다. 이른 아침, 서둘러 숙소를 나섰다. 투르쿠 마켓 광장 앞에서 버스를 타고 20분 정도 달려 난탈리라는 마을에 도착했다.

Muumimaailma
무민 월드

무민 가족을 만나러
무민은 핀란드는 물론 북유럽 사람들에게 어릴 때부터 친근하고 따뜻한 책 속의 주인공이자 그 이상의 존재다.

난탈리는 중세 스웨덴어로 아름다운 계곡을 의미한다. 버스에서 내리자 눈앞에는 바다가 펼쳐져 있고 목조 집이 줄지어 있다. 이름 그대로 자연과 함께 어우러진 아름다운 마을이다. 긴 다리를 건너면 작은 섬이 나온다. 책 속의 무민 계곡처럼 하구에 떠 있는 작은 섬 전체를 실물 크기로 만들었다.

이곳은 보통의 놀이공원처럼 놀이기구, 인공적인 조명과 소리는 없다. 책 속의 무민 계곡처럼 나무와 숲, 호수에 둘러싸여 있다.

1 섬으로 가는 길을 연결해주는 다리를 건너면 무민 월드에 도착한다.

2 문을 열기 전부터 기다리는 아이들.

3 무민의 집 테라스에는 꼬마 미이가 손을 흔들며 사람들을 반긴다.

| FINLAND | TURKU

무민 계곡에는 무민 가족의 집이 있고 넓은 섬 안에 무민 친구들의 집이 모여 있다. 무민 가족과 친구들이 사람들을 맞이하고 아이들은 무민 가족의 품에 안겨 인사를 나눈다.

북유럽 사람들은 어릴 때 느낀 친근함과 따뜻함 때문에 무민에 대한 존재감이 시작되었는지도 모르겠다.

여행을 준비하면서 우리나라에 번역된 무민 시리즈의 책을 읽었다. 자연과 함께 어우러진 무민 계곡은 어른인 나까지 아이처럼 설레고 기쁘게 만들었다.

1 숲에 있는 요정들은 실로 팔찌를 만드는 방법을 알려준다.

2 숲에서 발견한 스너프킨의 집. 방랑자인 스너프킨은 시종일관 묵묵히 걸어 다니고 있다.

그 외에도 기념품을 파는 가게, 레스토랑, 우체국, 꼬마 미이와 무민이 춤과 노래를 하는 뮤지컬을 볼 수 있는 작은 공연장이 있다.
우체국에는 무민 엽서와 우표를 팔고, 우체국 앞의 우체통에 편지를 보내면 무민이 그려진 우편소인이 찍혀 도착한다.

무민 월드 안에 있는 레스토랑에서 주문한 샐러드 뷔페는 빵과 샐러드, 몇 가지 요리를 먹을 수 있다.

돌아갈 때는 무민 월드 입구에서 출발하는 기차를 탈 수 있다. 버스 정류장이 있는 곳까지 데려다준다.

| FINLAND | TURKU

Souvenir
기념품

Pikku Myyu Namu
무민 캐릭터로 만든 껌을 시작으로 다양한 식품과 티셔츠, 가방, 인형 등의 잡화를 파는 가게다. 수를 셀 수 없을 만큼 많은 상품이 진열, 판매되고 있다.

open Jun-Aug : 10-18
www.muumimaailma.fi
투르쿠 마켓 광장에서 11, 110, 111번 버스를 타고 20분 정도 달리면 종점 난탈리에 도착한다(버스는 10-15분 간격으로 출발한다).
문 여는 날짜는 매해 달라지고, 홈페이지에서 확인할 수 있다.
입장권 20유로 / 손목에 팔찌처럼 차면 된다.

Post Card

무민 월드 우체통에 편지를 보내면
무민 우체부의 소인이 찍힌다.

「Who will comfort Toffle?」
기념으로 산 토베 얀손의 무민 그림책.
깊은 숲 속 조용한 바다를 대담한 선과 색으로 표현해 풍부한 자연을 느낄 수 있다.

1 스너프킨 자일리톨
2 낱개 포장 자일리톨
3 꼬마 미이가 그려진 리넨

Tove Jansson
토베 얀손 (1914-2001)

Tove pa Klovharun ⓒ Per Olov Jansson

1914년 8월 9일 헬싱키에서 태어난 스웨덴계 핀란드인으로 핀란드에서 자랐다. 어릴 때부터 예술가의 길로 들어 14세에 데뷔했고, 15세에는 잡지에 정치풍속화를 그리기 시작했다.
무민이 세상에 나온 것은 1930년대 잡지에서다. 무민 시리즈 1탄은 1945년 출판되어 65년이 지난 지금도 널리 사랑받고 있다. 50년도에 4권인 『무민 파파의 추억』이 나오면서 무민의 인기는 세계로 퍼져 나갔다. 1년 후 30개 이상의 언어로 번역되어 세계 곳곳의 사람들에게 사랑받고 있다. 최종판인 『무민 계곡의 11월』까지 25년간 9권의 책이 출간됐다. 이야기의 시작은 한겨울의 어둡고 추운 숲속에서 시작된다.
무민 시리즈의 설정과 배경은 바닷가에서 자란 토베 얀손의 어린 시절 경험에서 비롯되었다. 그녀는 어릴 때부터 상상을 즐기는 공상가였고, 동생을 못생긴 하마라고 놀렸다고 한다. 무민은 하마를 닮았지만 상상 속의 인물이다. 또한 무민 파파와 무민 마마의 성격은 토베 얀손 부모님의 성격과 닮았다고 전해진다.

Column #2
여행에서 돌아와

01
Cookie Mold
쿠키 몰드

무민, 꼬마 미이, 스너프킨, 무민 파파

02
Cake Mold
케이크 몰드

크기는 지름 12cm 레시피에 맞는다.

03 Pillowcase
베개 커버

차를 마시는 시간

여행이 그리워질 땐 그곳에서 사온 컵과 접시를 꺼내 차를 마신다. 이딸라 띠마의 무민 머그 중에서 가장 좋아하는 꼬마 미이 컵과 파라티시^{Paratiisi} 접시를 준비해 밀크티와 진저쿠키를 담았다.

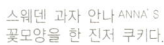
스웨덴 과자 안나 ANNA'S
꽃모양을 한 진저 쿠키다.

감라스탄
구스타프스베리
외스테르말름
셰프스홀멘
로젠달 가든

🇸🇪 Sweden

Stockholm

국토의 절반이 숲으로 이루어진 나라 스웨덴.
스웨덴의 수도 스톡홀름은 크고 작은 14개의 섬이 다리로 연결되어 있다. 각각의 섬마다 다른 모습을 하고 있으면서도 조화를 잘 이룬다. 호수에 둘러싸인 집과 건물들은 투명한 빛이 내려져 맑고 아름답게 보인다.

Sweden Stockholm
스웨덴 스톡홀름

교통

스톡홀름 알란다(Arlanda) 국제공항에서 시내로

Bus   공항을 나와 왼쪽의 버스정류장에서 공항버스(에어포트 코치)가 10-15분 간격으로 출발한다. 중앙역의 버스터미널이 종착점이다.

Train   알란다 익스프레스 트레인을 타고 시내로 들어가는 것이 가장 편리하다. 시내까지 들어가는 시간은 20분 정도 걸린다.

시내 교통

트램, 시버스, 지하철이 공동으로 운영되고 티켓은 구매 후 1시간 동안 유효하다.

사흘 동안 시내 교통을 자유로 이용 가능한 3일권 티켓이다.

시차

Seoul   Stockholm

한국 시간에서 8시간을 빼면 된다.
3월 마지막 주 일요일부터 10월 마지막 주 일요일까지는 서머타임 때문에 1시간 빨라져 시차는 7시간이 된다.

스웨덴어

안녕 : **Hej** 헤이
안녕하십니까(아침) : **God morgon** 굿- 모론
안녕하십니까(점심) : **God dag** 구- 다그
안녕하십니까(저녁) : **God afton** 굿 아프톤
안녕히 주무세요 : **God natt** 굿 나트
헤어질 때 : **Hej då** 헤이 도-
고맙습니다 : **Tack** 탁
미안합니다 : **Förlåt mig** 훠르롯- 메이

| SWEDEN | STOCKHOLM

Viking Line
바이킹 라인

<u>투르쿠에서 스톡홀름으로</u>

핀란드의 투르쿠는 스웨덴과 가장 가까운 도시다. 투르쿠 선착장에서 배를 타고 밤 10시에 출발해 아침 6시, 스톡홀름에 도착했다. 크루즈는 하루에 두 편, 바이킹과 실야 라인의 배가 각각 한 편씩 출발한다.

배의 요금은 객실의 크기와 배 안에서 위치, 그리고 침대 수에 따라 달라진다. 배 안에는 레스토랑, 면세점, 공연장 등 다양한 문화공간이 있다. 내가 묵은 4인실 방에는 네 개의 침대가 있고, 작은 화장실과 샤워실이 있다. 창으로는 늦은 밤까지 해가 지지 않는 백야를 볼 수 있다. 배가 마치 큰 건물처럼 거대한 크기여서 흔들림 없이 편하게 잘 수 있다.

1 출발 직전, 밤 10시가 넘었는데도 백야 때문에 밖은 아직 어둡지 않다.

2 조금씩 파랗고 짙게 어두워지고 있다.

3 아침 식사는 뷔페 / 배 안의 모든 사람이 한꺼번에 몰리기 때문에 음식도 빨리 동나고 자리도 비좁아 쾌적하지 못하다.

바이킹 라인 Viking Line www.vikingline.fi
실야 라인 SILJA LINE www.siljaline.com

이른 아침 5시, 스톡홀름에 도착했다. 헬싱키보다 한 시간의 시차가 더 나기 때문에 아침 6시다. 배에서 내려 새벽공기를 들이마셨다. 차갑지만 시원하게 느껴지는 바람이 불어온다. 여행을 시작한 날보다 조금씩 여름에 가까워짐을 느낀다.

T-banan
지하철역

스톡홀름에서 SL티켓을 이용하면 버스, 전철, 트램을 자유롭게 탈 수 있다. 숙소까지 전철을 타고 들어가야 해서 사흘 동안 자유롭게 타고 내릴 수 있는 3일권 티켓을 끊었다. 시간도 이르고, 문을 연 곳이 없어서 일단 전철을 탔다. 스톡홀름 전철역은 역마다 페인팅이 다르게 되어 있어 아름다운 전철역으로 유명하다. 이걸 보는 것이 즐거워 한 정거장 가서 내리고 다시 타기를 반복했다.

스톡홀름 시내의 지하철역 100개 중 66개는 서로 다른 디자인으로 되어 있다.
사진의 역은 Kungstradgarden

| SWEDEN | STOCKHOLM

Supermarket
슈퍼마켓

아침 일찍 문을 연 곳은 슈퍼마켓뿐이어서 가장 먼저 들렀다. 평소, 여행지의 일상생활과 패키지 디자인의 센스를 볼 수 있는 슈퍼마켓에 가는 것을 좋아한다. 그러다 보니 여행할 때는 꼭 몇 번씩 들르게 된다. 선반에 놓인 상품의 디자인을 보니 스웨덴이 더 가깝게 느껴진다. 심플하고 실용적인 디자인과 밝은 배색이 눈에 띈다.

COOP KONSUM www.konsum.se
스웨덴 최대의 슈퍼마켓 체인이다. 코프는 생활협동조합으로, 150년 이상의 역사를 가지고 있다.
ICA www.ica.se MAP-186-1
1917년 문을 열었으며, 코프 콘섬의 경쟁업체이다. 이카는 중앙매입회사를 줄인 표기다.
Hemköp www.hemkop.se MAP-186-2
헴쿱은 코프 콘섬과 이카에 이어 스웨덴 3위의 슈퍼마켓으로 식품의 비율이 높다.

Travel Souvenir
여행 기념품

01 **Arla**
알라

유제품이 발달한 북유럽은 우유를 시작으로 요구르트, 버터의 종류가 아주 다양하다. 유제품 코너에서 유난히 눈에 띄는 패키지는 알라의 디자인이다. 유지방 함유량에 따라 패키지에 들어간 선의 색과 굵기를 다르게 디자인했다. 선의 수가 적고 두꺼워질수록 유지방분이 많다. 한눈에 알아볼 수 있는 기능적이면서 아름다운 디자인이다. 우유 패키지의 뒷면에는 매월 새로운 내용의 아이디어나 글을 실어 우유를 사는 소비자에게 즐거움을 더해준다.

02 **Bliw**
브류

1968년 스웨덴에서 처음 발매된 액체비누로 북유럽 사람들에게 오랫동안 사랑받는 핸드숍이다. 피부와 환경에 좋은 천연 성분으로 만들어져 민감한 피부에도 사용할 수 있다. 손바닥 사이즈의 물방울 모양 핸드숍은 한 손에 딱 들어와 잡았을 때 안정감을 주고 편하게 옮길 수 있다. 기능적인 디자인에 아름다움까지 더한 좋은 디자인의 예다. 향에 따라 패키지의 색이 다르다.
사이즈 90×115mm / 용량 150ml

03 **CHESEBROUGH Kløver Vaseline**
취즈브로 클로버 바셀린

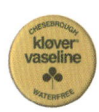

노르웨이 취즈브로사의 제품으로 보습 효과가 있는 바셀린이다. 무색, 무향으로 푸석푸석한 손이나 입술에 사용할 수 있다. 패키지 디자인은 오레 엑셀이 젊었을 때 디자인했다.
사이즈 65×22mm / 용량 40g

| SWEDEN | STOCKHOLM

04 CACAO
카카오

마젯티사의 카카오는 품질 관리를 의미하는 카카오 아이즈가 들어가 있다. 스웨덴을 대표하는 그래픽 디자이너 오레 엑셀이 50년 전에 디자인한 패키지로 변함없이 팔리고 있다.

www.olleeksell.com

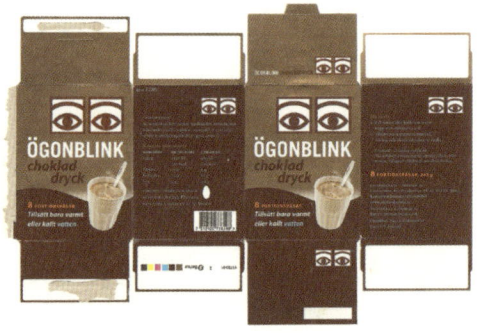

05 Knäcke bröd
크넷케 브뢰드

단단하고 바삭한 빵으로 버터와 잼을 발라 조금씩 베어 먹으면 고소하고 맛있다. 스웨덴에서는 아침 식사와 간식으로 자주 먹는다. 둥그런 도넛형태부터 삼각 모양까지 크기와 종류가 다양해 한쪽 코너에 따로 진열되어 있다.

아침 시간이 지나자 거리는 점점 활기를 찾기 시작했다. 거리는 많은 사람들로 붐볐고 모든 가게들이 문을 열고 사람들을 맞이했다. 스톡홀름 하면 가장 먼저 떠오르는 벽돌색과 크림색의 건물을 찾아 감라스탄으로 향했다.

Gamla Stan
감라스탄

스톡홀름의 발상지인 감라스탄은 북쪽과 남쪽을 다리로 연결한 작은 섬이다. 왕궁을 중심으로 구시가지가 펼쳐져 있고, 중세의 건물이 남아 있어 활기와 낭만이 함께한다.
관광지로 유명해 양쪽 길에는 엽서와 기념품을 파는 가게가 즐비해 있고, 아이스크림과 간단한 먹거리를 파는 가게와 카페도 넘쳐난다. 중세의 분위기가 그대로 남아 있는 감라스탄은 지브리사의 1989년 작 〈마녀 배달부 키키〉의 배경으로 등장했다. 키키가 빗자루를 타고 날아다니는 무대가 되어 사람들에게 더 많이 알려졌다. 건물 사이의 미로처럼 무수히 많은 골목길 중에는 세계에서 가장 좁은 길도 있다.

MAP·187-3

| SWEDEN | STOCKHOLM

Postmuseum
우편박물관

스웨덴의 우편에 대해 시대별로 전시하고 있는 우편박물관을 찾았다. 유럽의 우체국은 호른을 상징으로 하는 나라가 많다. 옛날에 호른을 불어 그 집에 편지가 온 것을 알린 것에서 유래되었기 때문에 노란색과 하늘색 우체통에는 작은 호른 마크가 그려져 있다. 우표가 전시되어 있는 쪽에서 반가운 한글도 눈에 띄었다. 1951년에 기념으로 만들어진 500원짜리 우표였다. 또 하나의 관심사인 우편 소인도 시대별로 전시해 놓았다. 나라와 도시별로 우편 소인이 달라서 편지를 보내면 그 자체만으로 기념이 된다.

박물관 1층에는 다양한 우표와 엽서를 팔고 있는 기념품 가게가 있다. 우표수집 가처럼 보이는 할아버지는 30분 이상을 고민하며 많은 종류의 우표를 사갔다. 기다리느라 조금 지쳤지만 한 장 한 장 진지하게 고르는 모습과 점원의 친절한 태도에 덩달아 미소가 지어졌다. 조바심 나던 마음도 어느새 사라졌다. 내 차례가 되어 스웨덴을 기념할 수 있는 엽서 몇 장을 고르고 서울까지 보낼 수 있는 우표를 샀다.

Post Card

12SEK(크로나) 우표를 붙이면 한국까지 도착한다.

MAP-187-4
Lilla Nygatan 6 111 28 Stockholm
Tel +46 (0)8 781 1755
www.posten.se
open tue 10-20 / wed-sun 10-18
close monday

| SWEDEN　　　| STOCKHOLM

여행지에서 아침부터 비가 내리거나 흐린 날에는 실내에서 시간을 보내기 좋은 박물관을 찾는다. 스웨덴을 대표하는 도자기가 탄생한 마을 구스타프스베리를 찾았다. 스톡홀름 중심지에서 버스로 20분 정도 달려 바다 옆, 평온한 마을에 도착했다. 박물관에서 전시를 보고 나오니, 어느새 비는 그치고 맑은 바람이 불었다.

Gustavsberg
구스타프스베리

Porslinsmuseum

구스타프스베리는 1820년대 만들어진 스웨덴을 대표하는 도자기 브랜드로 마을 이름이 그대로 회사의 이름이 되었다. 공장으로 사용되었던 건물의 일부는 박물관으로 문을 열었다. 벽돌로 지은 건물의 박물관에는 스티그 린드베리와 리사 라손 등 재능이 넘치는 아티스트들의 다양한 오브제와 그릇들이 시대와 작가별로 전시되어 있고, 1층의 갤러리에는 작가들의 기획전이 열린다.

1 스티그 린드베리의 〈파이앙스 도자기〉 작품
Fajanser(1940년대)

2 리사 라손의 〈라손 어린이〉 작품
Larsons Ungar(1961) – Pelle, Johanna, Kalle

3 스티그 린드베리의 패브릭으로 만든 의자가 전시장의 곳곳에 놓여 있다.

박물관의 1층에는 책과 간단한 기념품을 파는 가게와 그릇에 그림을 그릴 수 있는 체험 교실이 있다. 박물관 가게의 봉투는 구스타프스베리사의 변화된 로고를 한눈에 볼 수 있게 인쇄했다.

| SWEDEN | STOCKHOLM

Lisa Larson Atelier

스웨덴을 대표하는 도예가, 리사 라숀의 아틀리에를 찾았다.
박물관을 나와 식당이 있는 건물의 코너를 돌면 이전의 구스타프스베리 그릇을 파는 앤티크숍이 나온다. 그 안으로 들어가면 리사 라숀의 아틀리에가 있다. 예전의 작품들이 재발매되면서 리사 라숀과 그녀의 후배들이 일하고 있는 곳이다. 아쉽게도 리사 라숀은 만나지 못했지만, 작품이 만들어지는 과정을 가까이서 볼 수 있는 것만으로도 충분히 즐거웠다.

Lisa Larson
리사 라숀 (1931-)

1931년 스웨덴에서 태어나 디자인 대학에서 도예를 전공했다. 졸업 후 구스타프스베리사에 입사했다. 1979년까지 약 20년간 구스타프스베리사의 전속 디자이너로 활약했다. 1980에 퇴사 후, 프리랜서로 활동하다 1992년 스튜디오를 열고 동물을 모티브로 한 오브제 작품을 다시 만들고 있다. 현재도 자신의 집, 아틀리에에서 도자기 제작을 하고 있다.

선반 위에는 페인트를 기다리고 있는 작품들이 놓여 있다.
페인트는 모두 수작업으로 그려지고 그림이 그려진 작품들은 가마로 들어가 다시 한 번 구워진다.

각각의 수는 많지 않지만 종류별로 다양하게 진열되어 있는 작품들은 구입도 가능하다. 페인트칠이나 굽는 과정에서 조금 결점이 있는 제품은 할인된 가격에 구입할 수 있다.

Cat / Mia
고양이(Midium) H19cm

동물의 형태를 둥근 모형으로 만들어 단순한 몸에 사실적인 표정을 담아낸 동물 시리즈로 많은 수집가에게 사랑받고 있다.

| SWEDEN | STOCKHOLM

Outlet

구스타프스베리 안에는 박물관뿐 아니라 그릇을 살 수 있는 아울렛과 예전에 발매되었던 그릇만을 모아 파는 빈티지 숍이 있다. 그 옆 건물에는 카페와 소품가게가 함께 있다. 리사 라손의 프로젝트 아틀리에와 갤러리, 호텔이 하나의 마을로 되어 있다. 구스타프스베리는 현재 아라비아, 로스트란드와 같은 그룹으로 아울렛에서는 구스타프스베리, 아라비아, 이딸라의 그릇을 팔고 있다. 빈티지 숍은 스티그 린드베리, 리사 라손 등이 디자인한 구스타프스베리의 제품은 물론 로젠달, 아라비아의 빈티지 그릇도 진열, 판매되고 있다.

스웨덴 국립 미술관(Nationalmuseum)에서 2006년 5월 11일부터 2007년 2월 25일까지 개최한 스티그 린드베리 회고전의 카탈로그다. 테이블웨어를 시작으로 텍스타일, 어린이용 그림책의 일러스트, 에나멜, 유리, 플라스틱 등 다수의 작품을 사진으로 볼 수 있다. 같은 작품을 몇 개의 각도로 찍은 사진과 스웨덴어로 써진 글이 들어 있다.

Berså
베르사

Stig Lindberg
스티그 린드베리 (1916-1982)

베르사란, 가든 하우스 또는 나무로 만든 것을 뜻하는 스웨덴어다. 스티그 린드베리에 의해 디자인되어 1960년부터 1974년까지 제조되었다. 베르사를 모티브로 다양한 크기와 종류의 접시, 컵, 키친웨어가 만들어졌다. 선명한 초록 잎이 생생하게 그려저 있는 베르사는 짧은 여름이 끝나고 기나긴 겨울을 보내는 북유럽 사람들에게 가장 기다려지는 계절인 여름을 상징한다. 그런 여름의 기쁨을 항상 느낄 수 있도록 만들어저 오랫동안 사랑받는지도 모르겠다. 예전에 발매된 베르사 잎의 선명함이 진하고 좀 더 섬세하다.

스웨덴이 가장 자랑하는 도예가로서 그의 활약은 도자기뿐 아니라 어린이 그림책의 일러스트, 플라스틱 제품, 텍스타일 등의 분야까지 다양하게 나타났다.

| SWEDEN | STOCKHOLM

Cafe

구스타프스베리 안에는 호텔과 레스토랑, 카페가 있다. 일부러 시간을 내어 찾아오는 사람들이 많아 곳곳에 잠시 쉴 수 있는 가게가 많다. 아울렛에서 그릇을 사고 잠시 쉴 겸 카페를 찾았다. 쇼케이스 안에는 스웨덴의 케이크와 쿠키가 진열되어 있고 간단히 식사를 할 수 있는 메뉴도 있다.

시나몬롤과 카푸치노
초콜릿 케이크

Odelbergs Väg 5, 134 40 Gustavsberg
Tel +46 (0)8 570 356 58
www.porslinsmuseum.varmdo.se
open tue-sun 11-16
     May-Sep : tue-fri 10-18 / sat-sun 11-16
close monday

슬루센역에 있는 지하 버스터미널(Nacka Värmdö)에서
474번 버스를 타고 FARSTAVIKEN에서 하차

NYSTEKT STRÖMMING
뉘스텍트 스트로밍

지하철 슬루센 Slussen 역 앞의 광장에는 스웨덴 음식을 간편하게 즐길 수 있는 노점이 두 곳 있다. 각각 튀긴 청어와 순록 고기를 판다.
노란 물고기 간판에 튀긴 청어라는 문구가 써진 테이크 아웃 전문점으로 가게가 문을 열면 사람들의 줄이 길게 늘어선다. 테이블이 없는 포장 전문점으로 근처의 벤치나 가게 옆의 간이 테이블에서 서서 먹는 사람들도 종종 눈에 띈다.

빵의 종류와 안에 들어가는 소스, 샐러드 등의 토핑을 고를 수 있다. 스웨덴 빵 위에 바로 튀겨낸 청어와 적양파, 소스가 뿌려져 나온다.

MAP-186-5
open 11-18
close sat, sun, holiday

| SWEDEN | STOCKHOLM

10-Gruppen
티오 그루펜

1970년대 만들어진 티오 그루펜은 10인의 디자이너가 모여 만든 브랜드다. 그 당시는 그룹을 뜻하는 그루펜의 단어가 브랜드 이름에 들어가는 경우가 많아, 브랜드명은 자연스럽게 티오 그루펜으로 정해졌다.

젊은 디자이너 10인이 모여 예술성과 즐거운 마음을 합쳐 각각의 매력을 담은 디자인을 발표했다. 스케치부터 숍의 디스플레이까지 제작의 전 과정을 디자이너가 맡았다. 인기가 많은 몇 가지 패턴에 안주하지 않고 계속해서 새로운 패턴을 만드는 것을 목표로 정해 매년 겨울과 여름에 신작을 발표한다. 처음 10인 중 현재는 3인만 남아 활약하고 있다.

퀄리티가 높은 디자인과 품질을 가장 우선으로 생각하기에 프린트와 천의 관리를 철저히 한다. 현재는 오일크로스, 캔버스, 코튼의 3종류 천을 사용한다. 뉴욕의 모마, 파리의 봉마르쉐 등의 미술관과 백화점에 입점되어 있으며 성별, 나이에 관계없이 사랑받고 있다. 가방은 크기와 천의 종류로 나뉘며 천마다 7종 이상의 제품이 있다. 그 외에도 베이비, 키친웨어, 포스트 카드, 메모지 등의 간단한 문구류를 팔고 있다.

얇은 코튼 가방
도톰한 캔버스 가방

오일크로스 조각천으로 만든 가방

티오 그루펜은 제품을 만들 때 쓰는 천을 판매하고 있다. 1m가 안 되는 길이의 조각 천은 할인된 가격에 구매할 수 있다.

MAP-186-6
Götgatan 25 SE-116 46 Stockholm
Tel +46 (0)8 643 2540
www.tiogruppen.com
open 10-18 / sat 11-16 / sun 12-16

| SWEDEN | STOCKHOLM

CHOKLADFABRIKEN
슈크라드파브리켄

핸드메이드 초콜릿을 파는 전문점으로 가게 이름은 초콜릿 공장을 뜻한다. 초콜릿 공장이란 이름답게 약 40종류의 초콜릿과 케이크가 쇼케이스에 진열되어 있다. 초콜릿뿐 아니라 커피와 차도 함께 팔고 있어 잠시 쉬어 갈 수도 있다. 쇼케이스 뒤로는 초콜릿을 만드는 작업실 있다. 작업실은 투명유리로 되어 있어 초콜릿을 만드는 작업을 볼 수 있다.

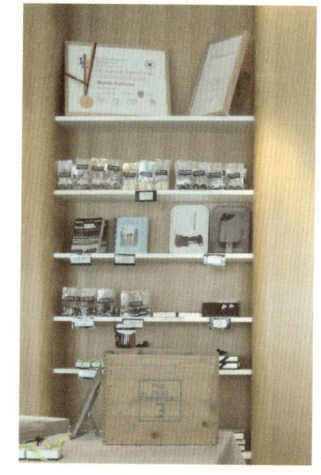

카푸치노와 초콜릿 케이크

1 밀크 초콜릿과 다크 초콜릿
2 우유에 녹여 먹는 초콜릿 드링크

MAP-186-7
Renstiernas gata 12, 116 28 Stockholm
Tel +46 (0)8 640 0568
www.chokladfabriken.com
open mon-fri 10-18:30
sat 10-17
close sunday

GRANIT
그라니트

생활용품을 파는 체인점으로 시내 여러 곳에 매장이 있다.
실용적인 디자인과 합리적인 가격의 상품들이 다양하게 진열되어 있어 물건을 고르기 쉽다. 여행 중에 빠트린 간단한 물건을 구입하기도 좋고 사람들에게 줄 기념품을 고르기에도 적당하다.

MAP-187-8
Götgatan 31 SE-116 21 Stockholm
Tel +46 (0)8 642 1068
www.granit.com
open 10-19 / sat 10-17 / sun 12-16

맥도날드

익숙한 것에서 오는 편안함이 있다. 맥도날드는 이번 여행에서도 잠시 쉬어가며 커피를 마시거나 빨리 식사를 해결해야 할 때 종종 이용했다.
그 나라마다 메뉴도 인테리어 디자인도 다르기 때문에 비교하는 재미가 있다.
특히 이 지점은 북유럽에서 주목받고 있는 크라손 코이비스트 르네 3인이 25주년을 기념해 인테리어를 담당했다.

MAP-187-9

| SWEDEN | STOCKHOLM

Hötorget
회토리예트

역 근처에 있는 콘서트 홀 앞 광장에는 매일 시장이 열린다.
평일에는 채소와 과일을, 매주 일요일에는 벼룩시장이 펼쳐진다.

EN EGEN VARLD

콘서트 홀에 붙은 낯익은 그림체, 토베 얀손의 무민 전시를 알리는 현수막을 보고 안으로 들어갔다. 무민 책을 읽으면서 궁금했던 몇 가지들을 알게 됐다.

1 무민 마마의 핸드백 / 언제나 소중하게 들고 다니는 무민 마마의 가방 속에 든 물건들이 전시되어 있다.

2 꼬마 미이 / 털뭉치를 담아놓은 바구니에 숨어 있는 꼬마 미이가 얼마나 작은지 가늠해본다.

일요일에 다시 찾은 콘서트 홀은 평일과는 다른 얼굴을 하고 있다.
사고파는 사람들로 아침부터 활기가 넘친다.

| SWEDEN | STOCKHOLM

이번 여행지의 세 번째 도시다. 낯선 곳에 와 있지만 하루가 지나면 금방 익숙해진다. 다행히 흐렸다 맑기를 반복하는 날씨도 적응이 되었고 집의 음식이 조금씩 그리워지는 것을 빼면 모든 것이 일상처럼 느껴진다. 도서관과 시장, 이곳에서만 살 수 있는 물건을 둘러보기로 했다.

Connect Hotel
커넥트 호텔

숙소는 시내에서 조금 멀어져도 한적하고 조용한 곳이라면 나쁘지 않다. 동네의 일상적인 풍경을 보는 것도 즐겁고, 그 길을 천천히 산책하며 마음의 여유도 찾을 수 있어 좋다. 스톡홀름 시내에서는 조금 떨어져 있지만, 근처에 큰 슈퍼마켓도 있고 역 앞에서 버스를 타면 이케아도 편하게 갈 수 있어서 숙소로 정했다. 아침은 뷔페로, 정해진 시간에 나와 준비된 음식을 먹으면 된다.

버터와 딸기잼을 바른 빵에 치즈와 오이, 토마토를 넣은 간단한 샌드위치나 커피가 매일 아침식사였다. 단순한 재료지만 물리지 않는다.

Götalandsvägen 218, 125 44 Stockholm
Tel +46 (0)8 749 6160
www.connecthotel.se

Rönnells Antikvariat
로넬스 헌책방

비르예르 얄 거리를 산책하다 우연히 발견했다. 가게 앞에 놓인 나무 상자 안에 가지런히 담겨진 책들에 마음이 이끌렸다. 책방의 책들은 도서관처럼 잘 정돈되어 있고 고요한 공기가 흘렀다.

Birger Jarlsgatan 32, Stockholm
Tel +46 (0)8 545 015 60
www.ronnells.se
open mon-fri 10-18 / sat-sun 12-16

| SWEDEN | STOCKHOLM

Stockholms Stadsbibliotek
시립도서관

건물은 오렌지와 자몽 중간 정도의 색을 띠고 사각형 위에 원통이 올려진 구조물로 홀의 동서남북에 입구가 있다. 정면의 도서관 입구 벽면에는 도서관 이름과 건축가, 설립연도가 적혀 있다. 군나르 아스플룬드 Gunnar Asplund가 1928년 설계했다. 좁고 어두운 계단을 올라가면 책의 파노라마가 펼쳐진다. 꿈속에서조차 상상하지 못한 공간이다. 1층부터 3층까지 원을 그리며 곡선으로 진열된 책장에는 빼곡히 책이 꽂혀 있다. 중앙은 바닥부터 천장까지 뚫려 있고, 책상에는 책을 읽을 수 있는 스탠드가 놓여 있어 바로 앉아 책을 읽고 싶게 만든다.

Odengatan 59 113 22 Stockholm
www.biblioteket.stockholm.se
open mon-fri 9-19 / sat-sun 12-16

Östermalms Saluhall
외스테르말륨 시장

<u>100년 이상의 전통을 가진 시장</u>

다양한 생선과 사슴고기 등 신선한 식재료를 파는 시장이다. 음식의 주재료뿐 아니라 치즈, 디저트로 고를 수 있는 케이크의 종류도 다양하다.

간단하게 식사를 해결할 수 있는 카운터 자리도 있고 레스토랑처럼 와인을 마실 수 있는 작은 식당도 있다. 팔고 있는 다양한 식재료만큼 식당의 종류도 여러 가지다.

MAP-187-10
Östermalmstorg
www.ostermalmshallen.se
open 9:30-18 / fri 9:30-18:30 / sat 9:30-16
close sun, holiday

| SWEDEN | STOCKHOLM

Design Torget
디자인 토리옛

'디자인 광장'이라는 의미가 있는 디자인 토리옛은 스웨덴의 최대 규모를 자랑하는 디자인 숍이다. 스웨덴 전국에 지점을 가지고 있고 스톡홀름 시내에는 총 5개의 지점이 있다.
1993년 비어 있던 건물의 1층 공간을 단순한 스토어가 아닌 디자이너를 위한 곳으로 만들면서 시작됐다. 스웨덴을 대표하는 디자인 학교의 학생들과 예비 디자이너들이 디자인한 물건들 중에서 상품을 선정해 일정 기간 동안 전시, 판매한다. 판매하는 상품 중 절반은 본사에서 가져오고 나머지는 만든 사람이 직접 가져다주는 상품을 진열, 판매하고 있다. 그래서 스웨덴 디자이너들의 디자인 활동을 가장 빠르게 볼 수 있는 곳이다. 지점마다 상품이 조금씩 다르다. 산뜻한 색으로 디자인된 아이디어가 참신하고, 재치 있는 물건들이 유난히 많다. 액세서리, 패브릭으로 만든 물건과 작가들의 핸드메이드 등 일상생활을 위한 기능적이면서 기발한 물건을 발견할 수 있다.

MAP-187-11
Kungsgatan 52 S-111 35 Stockholm
Tel +46 (0)8 662 3315
www.designtorget.se
open mon-fri 10-19 / sat 10-17 / sun 12-17

Iris Hantverk
이리스 한트베르크

스톡홀름의 북쪽, 노르말름의 중심부에 있는 쿤구스가탄 kungsgatan 은 옷, 핸드메이드, 구두, 천가게가 모여 있는 거리다. 그 길에 있는 이리스는 20년 전 문을 연 브러시 회사의 직영점으로 19세기 말 설립되어 100년 넘게 이어진 핸드메이드 브랜드이다. 브러시의 소재는 천연목과 동물의 천연모 그리고 섬유 소재로 만들어졌다. 디자이너를 적극적으로 기용해 만든 형태는 손으로 잡았을 때 가장 편한 모양을 하고 있다.

한 벽면을 차지하는 브러시 코너에는 부엌에서 사용하는 브러시, 보디 브러시, 청소용 브러시 등 일상생활을 위한 것부터 버섯, 감자를 위한 작은 브러시까지 재치 있는 다양한 상품들이 고루 갖춰져 있다. 경험이 풍부한 직공의 손으로 만들어져 소박한 멋을 지닌 브러시는 일상에서 오랫동안 사용하는 물건으로 이리스만의 따뜻함이 느껴진다. 브러시 이외에도 핸드메이드로 만든 담요, 수공예로 만든 물건을 판매하고 있다. 달라나 지방의 공예품인 말과 나무로 만든 버터나이프 등 스웨덴의 기념품을 고르기 좋은 곳이다.

보디 브러시
천연목, 천연모로 만든 핸드메이드 브러시로 비누 거품을 내 몸을 씻거나 마사지 등의 용도로 사용할 수 있다

MAP-187-12
Kungsgatan 55 112 22 Stockholm
Tel +46 (0)8 21 4726
www.iris.se
open mon-fri 10-18 / sat 10-15
close sunday

| SWEDEN | STOCKHOLM

Riche
리쉐

비르예르 얄 거리에 있는 리쉐는 1893년 문을 연 레스토랑이다. 1990년대 후반에 요나스 보린 Jonas Bohlin 이 티볼리의 서커스에서 받은 영감을 바탕으로 건축과 인테리어 디자인을 담당해 2001년 12월 인테리어를 바꿔 다시 문을 열었다. 창으로 빛이 가득 들어와 유난히 밝음이 돋보이는 곳이다.
세련됐지만 딱딱하지 않은 분위기 때문에 다양한 사람들이 편하게 리쉐를 다시 찾는다.

테이블에 놓인 커트러리를 감싸고 있는 홀더에는 코믹한 일러스트가 그려져 있다. 메뉴판, 명함, 계산서, 냅킨 홀더에 그려진 일러스트는 젊은 일러스트레이터의 작품으로 레스토랑의 분위기를 한층 유쾌하게 만들어준다.

1 미트볼은 부드러운 매시포테이토와 크랜베리, 피클이 곁들여 나온다.
2 그릴치킨은 껍질째 구워낸 닭가슴살과 샐러드가 나온다.

요리는 모던한 스웨덴 요리가 중심이다. 가벼운 식사와 술을 마실 수 있는 레스토랑으로 중간에 쉬는 시간 없이 새벽 2시까지 열려 있다. 오후에는 티타임을 위한 카페로 이용하는 사람들이 많고 늦게까지 열려 있는 바도 인기다. 홈페이지에 들어가면 예약표가 있어, 손쉽게 원하는 날과 시간을 예약할 수 있다.

MAP-187-13
Birger Jarlsgatan 4, 114 34 Stockholm
Tel +46 (0)8 545 035 60
www.riche.se
open mon 7:30-24 / tue-fri 7:30-2
    sat 12-2 / sun 12-24
close holiday

| SWEDEN | STOCKHOLM

Hotel Birger Jarl
호텔 비르예르 얄

두 번째 숙소는 비르예르 얄 거리에 있는 디자인 호텔이다.
스톡홀름에 다시 간다면, 호텔 비르예르 얄에 머물고 싶다. 시내에서 가까운 위치는 물론 산책하기 좋은 공원과 시립도서관이 근처에 있고 맛있는 음식을 내는 레스토랑도 여러 곳 있다.

조식은 1층의 레스토랑에서 먹을 수 있다. 오전 11시까지 열려 있어 원하는 시간에 여유롭게 식사할 수 있다.

MAP-187-14
Tulegatan 8 SE-194 32 Stockholm
Tel +46 (0)8 674 1800
www.birgerjarl.se

Morkarin
모르카린

호텔 비르예르 얄에서 지하철을 타러 내려가는 길에는 카페, 빵가게 등 상점들이 줄지어 있다. 그 길에서 눈에 띄는 작은 잡화점을 찾았다.
밖에서 비치는 알록달록한 색들에 이끌려 가게 문을 열었다. 스톡홀름은 아기자기한 잡화점이 많이 없는 편이어서 유난히 눈에 띄었다. 아이들 옷과 일러스트, 잡화가 하얀 선반에 위에 가지런히 진열되어 있다. 일본과 유럽에서 수입해 온 장난감, 그림책, 모빌 등의 모습에 가게 주인의 센스가 엿보인다.

MAP-187-15
Tegnergatan 6 113 58 Stockholm
Tel +46 (0)8 612 7475
www.morkarin.se
open mon-fri 11-18 / sat 11-15
close sunday

| SWEDEN | STOCKHOLM

Moderna Museet
현대미술관

스톡홀름은 호수와 바다에 둘러싸인 14개의 섬이 하나로 이어진 도시이다. 섬과 섬은 여러 개의 다리로 연결되어 있어 트램, 버스로 오고 갈 수 있다. 다리의 중간으로는 도로가 있고 양쪽 가장자리에는 나무로 만든 보행자 길이 있다.

중심부에 있는 섬 셰프스홀멘 Skeppsholmen 은 미술관과 박물관이 모여 있는 작은 섬으로 천천히 걸어서 둘러볼 수 있는 크기다. 섬에는 잔디가 펼쳐져 있고 호수 옆에는 벤치가 놓여 있어 쉬어가기도 그만이다. 남쪽에는 왕궁이, 북쪽에는 선착장이 있어 보는 각도에 따라 마을의 표정이 다 다르다.

셰프스홀멘에 있는 현대미술관은 옆으로 긴 형태로, 스페인 건축가 라파엘 모네오 Rafael Moneo 가 디자인한 건물이다. 로고는 미국의 팝아티스트 로버트 라우센버그 Robert Rauschenberg 에 의해 만들어졌다. 미술관 안의 숍에는 건축, 디자인, 예술 전문 서적과 젊은 아티스트들의 참신한 디자인 오브제와 기념품을 팔고 있다.

<< 건물 밖 잔디 위에는 모빌 창시자인 미국 조각가 알렉산더 칼더(Alexander Stirling Calder)의 긴 조형물이 바람의 흐름에 따라 움직이고 있다.

^ 건너편에는 니키 드 생팔(Niki De Saint Phalle)과 장 팅겔리(Jean Tinguely)가 만든 뚱뚱한 여체 조각들이 세워져 있다.

미술관 안의 카페

카페 블룸 Cafe Bloms 은 간단히 식사할 수 있는 샐러드와 샌드위치를 팔고, 테라스 자리가 있어 야외에서 커피를 마시며 시간을 보낼 수 있다.
사람들이 앉고 일어나면 어딘가에서 새들이 날아와 남은 부스러기를 먹는다. 유난히 테라스 자리가 많이 있는 스톡홀름의 카페들, 맑은 빛과 바람을 좋아하는 이곳 사람들의 자연 사랑을 느낄 수 있다.

프렌치 프레스 커피와
피칸 타르트, 브라우니

MAP-186-16
Slupskjulsvägen 7-9 103 27 Stockholm
tel +46 (0)8 5195 5289
www.modernamuseet.se
open tue 10-20 / wed-sun 10-18
close monday

| SWEDEN | STOCKHOLM

스톡홀름에서 머무는 동안은 유난히 날씨 운이 좋지 않았다. 첫날부터 계속 비가 내렸고 온종일은 아니지만, 맑다가도 어느새 먹구름이 몰리고 비가 떨어졌다.
하지만 마지막 날은 언제 흐렸느냐는 듯, 맑고 깨끗한 빛이 계속 내렸다. 그래서 이날의 빛이 더 따뜻하고 기억에 남는다.

Rosendals Trädgård
로젠달 가든

스톡홀름 중심부의 남서쪽에 있는 유르고덴섬은 많은 박물관이 모여 있는 곳이다. 그 안에 있는 자연 속 공원을 찾았다. 스톡홀름에서 생활하는 사람들도 즐겨 찾는 휴식의 장소인 로젠달 가든은 유르고덴섬의 중심에 있는 커다란 정원이다.
1820년에 이곳은 왕가의 정원이었고, 그 후에는 학교로도 활용되었다.
입구로 걸어 들어가는 길에는 국화, 장미, 사과나무가 있고 채소와 허브를 기르고 있는 유기농 농장이 있다. 카페와 화원, 유기농 식품가게가 나란히 있고 얕은 바람에 한들한들 흔들리는 보라색 꽃, 루피너스 Lupinus 가 가득 피어 있다.

| SWEDEN | STOCKHOLM

Kafe

여름의 빛, 사람과 자연이 만나는 로젠달 가든의 카페에서 시간을 보냈다. 로젠달 가든으로 걸어 들어가는 길가의 전체가 밭이다. 그곳에서 다양한 허브와 채소를 *바이오다이내믹 농법으로 길러낸다.

카페는 이곳에서 키운 작물을 사용해 음식을 만든다. 중앙에 놓인 테이블 위에는 직접 구운 쿠키와 시나몬롤, 케이크가 놓여 있고 유기농 채소를 사용해 만든 샌드위치와 샐러드, 수프를 팔고 있다. 셀프서비스로 쟁반 위에 원하는 음식을 담아 음료와 메인 요리를 주문하면 된다.

좋은 재료로 직접 구워낸 쿠키와 케이크가 접시에 담겨 있다. 먹고 싶은 것을 골라 접시에 담아 계산하면 된다.

온실 안의 카페테리아와 야외 테이블, 사과나무 아래의 잔디밭 등 어느 곳이든 원하는 자리에 앉아서 식사할 수 있다. 봄과 여름의 빛이 내리쬐고 기분을 좋게 하는 상쾌한 바람도 조금씩 불어와 야외로 나와 천천히 식사했다.

담백한 호밀빵에 새우 샐러드가 올려진 샌드위치를 주문하고 당근 케이크를 골랐다.

*바이오다이내믹 농법
화학비료나 살충제를 쓰지 않으면서 순환경작으로 흙을 건강하게 하고 시기를 따져 씨를 뿌려 수확한다. 유기물이 분해된 거름흙을 사용해 농사를 짓는다.

| SWEDEN | STOCKHOLM

Plantbod

카페 옆에는 화원이 있다. 투명하게 뚫린 유리로 환한 빛이 가득 들어오고 다양한 식물이 가지런히 정리되어 있다. 장식을 위한 유리병과 화분도 함께 판매하고 있다. 세계의 꽃 이름은 전부 스웨덴어다. 식물에 처음으로 이름을 붙인 사람이 스웨덴 남부에서 태어난 칼 폰 린네이어서 그렇다.
사람들의 식물에 대한 관심을 다시 한 번 느꼈다. 하얀 옷을 입은 화원의 점원이 식물과 아주 잘 어울린다.

Butic

가게 앞의 테이블 위에 가지런히 진열된 채소와 과일은 이곳에서 재배한 작물이다. 아주 신선하고 먹음직스러워 보여 저절로 발이 이끌렸다. 가게 안에는 유기농 재료로 만든 꿀과 잼 등의 식품을 팔고 있다. 그 외에도 그릇과 냅킨, 버터나이프 등 생활에 필요한 물건들이 진열되어 있다.

버터나이프와 정원 손질용 장갑
때가 타기 쉬운 색이지만, 식물을 돌볼 때 기분을 더 좋게 만들어 줄 것 같다.

| SWEDEN | STOCKHOLM

이번 여행에서 가장 좋았던 것은 작은 사과나무 아래 로젠달 가든에서 보낸 시간이다. 로젠달을 걸어나오며 뒤돌아본 반짝반짝 빛나던 녹색 숲을 잊을 수 있을까. 마음까지 흔들어 놓은 그 반짝거림은 그날 내내 내 곁에 머물렀고, 여행을 떠올릴 때마다 이날이 가장 기억되는 시간으로 남았다.

MAP-186-17
Rosendalstrerrassen 12, 115 21 Stockholm
Tel +46 (0)8 545 812 70
www.rosendalstradgard.se
open 11-16 / May-Sep : mon-fri 11-17 sat-sun 11-18
close Jan.1-Feb.2

트램과 버스 47번의 종점 바르데아르슈테(waldemarsudde)에서 하차. 걸어서 10분 정도 걸린다.
계절에 따라 카페의 영업시간이 바뀌고, 겨울에는 문을 닫는다.

Skansen Butiken
스칸센 부티켄

스칸센은 1891년 문을 연 세계 최대의 야외 박물관이다. 그 박물관 입구에 있는 스칸센 부티켄은 공예품에서 일상용품까지 다양한 상품이 진열되어 있어 기념품을 고르기도 편하고, 구경만으로도 즐겁다.

스칸센의 상징인 다람쥐가 들어간 기념품과 스웨덴 전통 공예품, 도예가 리사 라손의 동물 시리즈까지 갖추고 있다. 또한 정원과 집안을 가꾸는 데 필요한 페인트, 문고리 등의 인테리어 관련 제품도 판매하고 있어 관광객뿐 아니라 현지인들도 즐겨 찾는다.

1 스칸센 모카 초콜릿
2 촛대를 연상시키는 초
3 핸드메이드 냄비받침
4 쇼핑백과 같은 디자인의 에코백

MAP-186-18
Djurgårdsslätten 49-51, 115 93 Stockholm
Tel +46 (0)8 442 8268
www.skansenbutiken.se
open Jan-Feb 11-16 / Mar-Apr : Oct-Dec 11-17
May 11-18 / Jun-Aug 11-19 / Sep 11-18

트램 또는 버스 47번을 타고 스칸센(Skansen)에서 하차

Column #3
여행에서 돌아와

스웨덴어로 '차 마실래?'
스카 뷔 피카[ska vi fika]라고 말한다.

Fika

피카는 스웨덴어로 휴식이나 커피를 마시는 시간을 의미한다.
스웨덴 사람들은 아무리 바쁠 때도 오전 10시와 오후 3시에 차
마시는 시간을 가진다. 차를 마시며 마음의 여유를 되찾는다.
여행을 나가면 집이 그리워지고, 집으로 돌아와 시간이 지나면
여행이 그립다. 그땐 여행지에서 사온 차를 우려서 나만의 피카
시간을 가진다.

여행지에서 사온 기념품
1 나무로 만든 커트러리와 버터나이프 2 냄비와 뚜껑 사이에 끼워 사용하는 냄비 고정대
3 쿠키 몰드, 스웨덴 달라나 지방의 상징 4 편물 냄비받침 5 나무로 만든 냄비받침
6 알라의 저지방 우유와 요구르트 7 커피와 함께 나오는 우유 8 유기농 건포도

스트뢰에
니하운
공예박물관
로얄 코펜하겐 팩토리
티볼리

🇩🇰 Denmark

Copenhagen

북유럽의 나라 중 가장 남쪽에 위치한 덴마크.
덴마크의 수도 코펜하겐은 클래식과 모던이 잘 어우러진 디자인의 도시다. 북유럽의 도시 중에서 자전거 타는 사람들이 가장 많고 차도에는 넓은 자전거 도로가 있다. 그만큼 차가 적게 다녀 소음이 적고 공기는 깨끗하다.

Denmark Copenhagen
덴마크   코펜하겐

교통

코펜하겐 카스트루프(Kastrup) 국제공항에서 시내로

Bus   터미널 3으로 나와 왼쪽으로 걸으면 버스 정류장(250S 홀)이 나온다.
      2A, 12, 250S번 버스를 타면 시내로 갈 수 있다.

Train 2번 선에서 출발해 3번째 역이 중앙역이다. 코펜하겐 중앙역까지 가장 빠르게 갈 수 있다. 단 중앙역에 정차하지 않는 열차가 있으므로 주의한다.

시내 교통

시버스, 에스트(기차), 지하철이 공통으로
운영되어 1시간 이내에 갈아탈 수 있다.
수도권 내 유효한 1일권도 있다.

시차

Seoul   Copenhagen

한국 시간에서 8시간을 빼면 된다.
3월 마지막 주 일요일부터 10월 마지막 주
일요일까지는 서머타임 때문에 1시간 빨라져
시차는 7시간이 된다.

덴마크어

안녕 : Hej 하이
안녕하십니까(아침) : God morgen 굳 모안
안녕하십니까(점심) : God dag 굳 디
안녕하십니까(저녁) : God aften 굳 아프텐
안녕히 주무세요 : God nat 굳 넷
헤어질 때 : Farvel 파베르
고맙습니다 : Tak 탁크
미안합니다 : Undskyld 온스크

| DENMARK | COPENHAGEN

저가 항공사의 비행기를 타고 코펜하겐으로 가려고 알란다공항을 찾았다. 항공사의 비행기 연착으로 아침부터 저녁까지 공항에 발이 묶였다. 도착시간보다 6시간이 지난 저녁 9시, 코펜하겐에 도착했다.

공항 철도역
시간이 많이 늦어져 공항에서 시내로 들어가는데 가장 빠른 열차를 타기로 했다.

스톡홀름에서 오후 2시에 비행기를 타고 코펜하겐에 3시 15분에 도착할 예정이었다. 비행기의 끊임없는 연착으로 온종일을 공항에서 보내고 코펜하겐에 도착하니 밤 9시가 넘었다. 숙소에 짐을 풀고 나니 벌써 10시.
하루 종일 공항에 있어 제대로 된 식사를 하지 못해서 그런지 너무 배가 고파 무작정 밖을 나왔다. 백야 덕에 완전히 시커먼 어둠은 아니라 다행이다. 아무리 걸어 다녀도 문을 연 곳은 맥도날드뿐이다. 밤늦게 햄버거 세트를 주문해서 감자튀김까지 남김없이 먹었다.

Danhostel Copenhagen City
단호스텔 코펜하겐 시티

코펜하겐에서 숙소는 두 곳으로 정했다.
첫 번째 숙소는 호스텔. 유럽에서 가장 큰 디자인 호스텔로 15층 건물이다. 시설이 깨끗하고 위치도 좋아서 다양한 국적의 사람들이 눈에 띄었다. 배낭여행객은 물론 가족 단위의 관광객도 꽤 많이 보인다. 프런트가 있는 1층에는 캐주얼한 바가 있어 늦게까지 술을 마실 수 있고, 아침 식사도 할 수 있다.

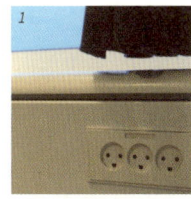

1 밤 10시가 넘었지만, 백야 때문에 밖은 푸른빛이 돌았다. 짐을 내려놓고 벽으로 눈을 돌리니 세 개의 콘센트가 웃는 얼굴을 하고 있다. 덕분에 하루 종일 긴장했던 마음이 풀렸다.

2 숙소의 마지막 날, 방에서 내려다본 코펜하겐의 시내에는 커다란 무지개가 걸렸다.

MAP-188-1
H.C. Andersens Boulevard 50, 1553 Kbn. V
Tel +45 33 11 85 85
www.dgi-byen.dk/hostel

| DENMARK | COPENHAGEN

눈을 뜨자 밝은 빛이 방 안 가득 들어와 기분까지 상쾌해졌다. 11층에서 내려다보이는 거리가 아득하게 느껴져 서둘러 거리로 나왔다.
차도에는 차선만큼이나 넓은 자전거 전용도로가 있다. 이른 아침부터 자전거로 시작하는 사람들이 눈에 띈다. 햇빛과 공기도 맑고 건강한 느낌이 든다.

Strøget
스트뢰에

스트뢰에는 덴마크어로 '걷는다'는 뜻을 가진 거리로 자동차 통행이 금지된 보행자를 위한 길이다. 덴마크를 대표하는 브랜드와 잡화를 파는 작은 가게들이 모여 있어 쇼핑하기에 편리하고, 간단한 먹거리를 파는 노점도 여러 곳 있다.
분장을 한 채 마임이나 퍼포먼스를 하는 사람들을 종종 만날 수 있다. 헬싱키나 스톡홀름과는 또 다른 거리 풍경이다. 다양한 볼거리를 천천히 구경하며 걷기 좋은 길이다.

MAP-188-2

많은 현지인과 관광객이 모여 쇼핑을 즐기는 거리답게 작고 큰 가게와 카페가 밀집되어 있는 곳이다. 며칠 동안 머물며 발견한 마음에 드는 가게들이다.

Sosterne Grenes
잡화점

스스타네 그레네스는 일본의 100엔숍처럼 가격대별로 잡화와 식품을 팔고 있어 작은 기념품을 구입하기에 좋다.

MAP-188-3
Amagertorv 29, 1160 Kbn. K.
www.grenes.dk
open mon-tue 10-18 / fri 10-19 / sat 10-17 / sun 11-16

STILLEBEN
그릇가게

스틸레벤은 2002년 문을 연 그릇가게로 식기와 키친웨어를 중심으로 한 도예작품을 볼 수 있다.

MAP-189-4
Læderstræde 14 DK-1203 Kbn. K.
www.stilleben.dk
open 11-18 / fri 11-19 / sat 11-16
close sun, holiday

Gronlykke.com
천가게

프랑스, 스페인, 인도 등 세계에서 발견한 천을 팔고 있다. 화려한 색의 키친용품과 생활잡화도 판다.

MAP-189-5
Læderstræde 3-5, 1201 Kbn. K.
Tel +45 33 13 00 81
www.gronlykke.com

| DENMARK | COPENHAGEN

Crème de la Crème à la Edgar
크렘 드 라 크렘 아 라 에드가

창으로 보이는 알록달록한 캔디색 옷의 디스플레이가 마음에 들어 안으로 들어갔다. 빈티지 천을 사용해 손으로 만든 아이 옷과 작은 인테리어 소품을 팔고 있는 가게다. 덴마크의 수공예로 만들어진 물건들은 하나의 작품처럼 정성이 깃들어 있다. 빈티지 천으로 만들어진 옷과 뜨개질로 만든 인형들은 귀엽고 사랑스러워 보기만 해도 기분이 좋아진다. 파스텔색 가구에 진열되어 있어 옷과 소품이 더 돋보인다.

www.cremedelacremealaedgar.dk
2001년 문을 열었던 가게는 10주년이 되던 2011년 6월을 끝으로 문을 닫았다.
현재는 온라인에서 판매를 하고 있다.

Irma
이아마

2007년, 일본 고베의 잡화점에서 파란천에 흰색 실로 소녀가 수놓여진 천가방을 샀다. 한참이 지난 뒤 그 소녀가 이아마라는 슈퍼마켓의 캐릭터인 것을 알았다. 푸른 리본을 두르고 바구니를 손에 들고 있는 옆모습 소녀다.

이아마는 덴마크의 슈퍼마켓 체인으로 1886년 달걀과 버터를 파는 식품점으로 시작했다. 덴마크에서 가장 잘 알려진 슈퍼마켓으로 코펜하겐에 여러 곳의 지점이 있다. 소녀가 그려진 다양한 오리지널 상품을 팔고 있어 기념품을 사기에 좋다. 스트뢰에의 번화한 거리에 일룸 지하에 있는 곳은 프리미엄 이아마다. 다른 곳의 매장은 파란색이 메인인데 이곳은 흰색 벽에 은색의 이아마 소녀를 사용해 깨끗하고 단정함을 강조했다.

| DENMARK | COPENHAGEN |

Travel Souvenir
여행 기념품

덴마크는 이야마를 포함해 모든 슈퍼마켓의 봉투가 유료이며, 종이와 비닐 두 가지를 팔고 있다. 이야마의 쇼핑백은 중앙에 원피스를 입고 장바구니를 든 소녀를 그려넣어 단순하지만 멀리서도 눈에 띈다. 소녀의 얼굴이 들어가니 영수증마저 귀엽다.

MATILDE
마틸데

마틸데는 북유럽의 가장 큰 낙농회사 알라^{Arla}에서 만든 초콜릿 음료다. 양 갈래 머리에 리본을 묶은 2살 꼬마 마틸데가 그려진 패키지로 국민적 인기를 얻고 있다. 편의점과 슈퍼마켓에서도 다양한 용량의 마틸데를 판매하고 있다.

01 Eco bag
오리지널 에코백

02 Kitchen Cross
키친 크로스

04 Frisk Mint
프리스크 민트

03
Klassisk The
클래식 티

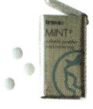

01 가방의 양면에 이야마 소녀의 옆얼굴이 자수로 놓여 있다. 인도제 100% 오가닉 코튼의 캔버스 천으로, 튼튼하고 사이즈도 넉넉해 시장 가방으로 사용하기에 안성맞춤이다.
사이즈는 W41×H51(손잡이 포함)×D12cm

02 흰색과 파란색 두 가지. 이야마 소녀가 모서리 한 곳에 포인트로 수놓여 있다. 뒷면의 양 끝에는 2개의 고리가 붙어 있어 반으로 접어 걸 수 있다. 접시를 닦는 키친크로스로는 물론, 테이블크로스로도 사용할 수 있는 큰 사이즈이다.
소재는 코튼 100%, 사이즈는 W52×H96cm

03 이야마에서 만든 오리지널 홍차다.

04 맛은 민트와 라크리스미, 두 종류가 있다.

MAP-189-6
Østergade 52, 2100 Kbn. K.
Tel +45 33 14 40 02
www.irma.dk
open 10-19 / fri 10-20 / sat 10-18
close sun, holiday

| DENMARK | COPENHAGEN

Nyhavn
니하운

덴마크를 상징하는 니하운에는 동화 속에서 보았던 예쁜 색의 집들이 쭉 늘어서 있다. 작가 안데르센이 살았던 장소로 알려져 코펜하겐을 소개할 때 꼭 들어가는 곳이다. 니하운은 옛날 항구에 돛을 내린 선원들이 먹고 마시며 휴식을 즐기던 거리였다. 지금은 코펜하겐 운하 투어의 출발지이다.
줄지어 있는 건물의 1층에는 레스토랑과 카페가 많아 한낮에도 많은 관광객으로 붐비고 커피와 맥주를 마시며 쉬어가는 장소로 유명하다.

Post & Tele Museum
우편과 통신박물관

스트뢰에를 걷다 발견한 우편과 통신박물관으로 1층에는 우체국과 숍이 함께 있다. 역시 지나치지 못하고 기념엽서와 우표를 샀다.

1 길가에서 발견한 덴마크의 우체통 빨간색과 둥근 형태가 낯익다.
2 아침에 마주친 우편배달부, 즐겁고 활기차게 일하는 모습이 보기 좋다.

MAP-189-7
Købmagergade 37, 1150 Kbn. K.
Tel +45 33 41 09 00
www.ptt-museum.dk
open 10-16

| DENMARK | COPENHAGEN

Kunst Industri Museet
공예박물관

1894년 시작된 공예박물관은 1926년 지금의 장소로 이전됐다. 18세기에 병원으로 사용됐던 로코코풍의 아름다운 건물이다. 정면에서 바라본 크기보다 건물 안이 상상하는 것 이상으로 훨씬 넓었다.
박물관 안은 미음자 모양으로 각각의 방들이 연결되어 있다. 덴마크를 시작으로 세계 디자인의 역사가 공예부터 20세기의 공업디자인까지 나라와 시대별로 정리되어 있다. 가장 좋았던 곳은 20세기의 공예 작품과 디자인이 전시된 방이다. 좋아하는 디자이너, 아르네 야콥센의 의자와 가구도 전시되어 있다.

 작은 스티커로 된 박물관의 입장권은 들어갈 때 옷의 잘 보이는 곳에 붙이면 된다.

Arne Jacobsen
아르네 야콥센 (1902–1971)

코펜하겐에서 태어나 석공 교육을 받은 뒤 덴마크 왕립예술아카데미에서 건축을 배우고 1927년에 졸업했다. 그는 학창시절부터 일찌감치 두각을 나타내기 시작해 1925년 파리의 국제장식미술박람회에 의자를 출품해 은상을 수상했다. 야콥센은 1927–29년 폴 홀소의 건축사무소에서 일했으며, 그 후 건축사무소를 설립하고 건축가 겸 인테리어 디자이너로서 활동을 시작했다. 덴마크 디자인에 모더니즘을 도입한 최초의 디자이너로 1929년에 플레밍 라센과 공동으로 설계한 미래의 집 등이 대표작이다.
현재까지도 사랑받는 의자 디자인은 조각적이고 유기적인 형태와 스칸디나비아 디자인의 전통이라 할 수 있는 재료와 구조의 일관성을 결합시켰다. 시간을 초월한 우아하고 기능적인 디자인이 일품이다.

EGG CHAIR, SWAN CHAIR
SAS로얄호텔 프로젝트를 위한 가구로 현재까지도 사랑받는 EGG, SWAN, SEVEN CHAIR, ANT CHAIR를 디자인하였으며, 유기적인 상징들을 형상화한 것으로 건축과는 또 다른 대조를 이루고 있다.

| DENMARK | COPENHAGEN

비어 있는 건물의 중앙에는 잔디가 깔린 정원이 있다. 박물관 안의 카페와 연결된 테라스 자리가 정원 한쪽에 나와 있다. 쉬어가고 싶었지만 전시를 보고 나오니 카페가 문을 닫을 시간이라 차를 마시지 못했다. 맛있는 메뉴와 인테리어로 유명해 현지인들도 즐겨 찾는 인기 많은 카페라고 한다.

Bredgade 68, 1260 Kbn. K.
Tel +45 33 18 56 76
www.designmuseum.dk
open tue-sun 11-17
close monday

| DENMARK | COPENHAGEN

Konditori La Glace
콘디토리 라 그라세

스트뢰에의 옆길에 있는 라 그라세는 1870년에 문을 연 코펜하겐에서 가장 오래된 케이크 가게다. 프랑스어로 아이스크림을 뜻하는 가게는 그 자리에서 변함없이 같은 종류의 케이크를 팔고, 가구나 분위기도 그대로 두어 오랜 세월을 함께 느낄 수 있는 곳이다.

아침에도 가게 안은 손님들로 활기차 있다. 쇼케이스에는 여러 가지 색의 케이크가 들어 있고, 그 외에 크루아상과 데니쉬 등의 빵을 팔고 있다.

번호표를 뽑아 순서를 기다려 주문할 수 있다. 아침식사로 산 크루아상은 갓 구워내 따끈하고 아몬드가 올려져 있어 고소함은 배가 된다.

MAP-188-8
Skoubogade 3, DK-1158 Kbh. K.
Tel +45 33 14 46 46
www.laglace.dk
open mon-tue 8:30-17:30 / fri 8:30-18
 sat 9-17 / sun 11-17
close Sep-Apr : sunday

DESIGNER ZOO
디자이너 주

8명의 디자이너가 함께 만든 인테리어 숍으로 코펜하겐의 작은 디자인 박물관 같다. 가구, 옷, 니트, 액세서리, 세라믹, 유리, 메탈 등 서로 다른 분야의 디자이너가 함께 모였다. 디자이너들이 교대로 가게를 담당하고 이곳에서만 볼 수 있는 오리지널 잡화와 가구가 전시, 판매되고 있다.

Vesterbrogade 137, 1620 Kbn. K.
Tel +45 33 24 94 93
www.dzoo.dk
open mon-thu 10-17:30 / fri 10-19 / sat 10-15
close sunday

| DENMARK | COPENHAGEN

Royal Copenhagen Factory
로얄 코펜하겐 팩토리

브랜드의 인기만큼이나 많은 관광객이 찾는 팩토리 아울렛은 로얄 코펜하겐의 상품을 할인해서 파는 공장의 직매점이다. 시내에서 지하철을 타고 프레데릭스베르역에서 내려 천천히 5분 정도 걸으면 도착한다.
멀리에서도 한눈에 들어오는 인상적인 긴 굴뚝을 표지 삼아 걸었다. 건물을 감싸고 있는 넝쿨들과 외관의 벽에서 로얄 코펜하겐의 오랜 세월이 묻어난다. 공장에서는 견학도 하고 상품을 살 수 있다. 할인 비율은 상품에 따라 다르고, 시즌이 지난 상품과 최근 상품까지 다양하게 준비되어 있다. 일반 매장에서 하나씩 진열된 모습과는 다르게 철제 선반 위에 수북이 쌓아올려져 있다.
여행지에서 그곳을 기념할 수 있는 작은 선물을 사는 일은 즐겁다. 크고 비싼 것이 아니더라도 로고가 새겨진 연필이나 엽서 등 소소한 것들로 충분하다.

로얄 코펜하겐에서 산 기념품
1 도자기가 그려진 엽서는 3장이 세트로 15DKK(크로네)
2 흰색 틴트에 들어 있는 다즐링 차

MAP-189-9
Søndre Fasanvej 7, 2000 Frederiksberg, Danmark
Tel +45 38 34 10 04
www.royalcopenhagen.com
open 10-17:30 / sat 10-14
close sunday

| DENMARK | COPENHAGEN

Tivoli
티볼리

코펜하겐에 도착한 날에 티볼리 공원 옆을 지나갔다. 커다란 공원이 도시의 중앙에 있어 첫째 날은 정문을, 다음 날은 후문을 지나쳤다. 차와 사람이 다니는 길 바로 앞에 있는 티볼리를 지나칠 때마다 문을 들어가면 이상한 나라의 앨리스에 나오는 숲속처럼 다른 세상이 나올 것처럼 느껴졌다.
티볼리 공원은 세계의 놀이공원에서 가장 처음으로 만들어진 오랜 역사를 가지고 있다. 월트 디즈니도 디즈니랜드를 만들 때 이곳을 참고해 지었다고 한다.

작은 분수가 물을 뿜고 장미꽃이 둘러 있는 벤치에 앉아 한참을 쉬었다. 빠르게 움직이는 놀이기구와 사람들의 큰 웃음소리에도 왠지 마음이 여유로워 천천히 걸었다.
회전목마를 찾아 공원을 한 바퀴 돌아 그 앞에 섰다. 빙글빙글 돌아가는 동물 위의 아이들과 밖에서 지켜보는 어른들 모두가 즐거워 보인다.

MAP-188-10
Vesterbrogade 3, 1630 Kbn. K.
Tel +45 33 15 10 01
www.tivoli.dk
open Apr-Sep : sun-thu 11-23 / fri 11-24:30 / sat 11-24

문 여는 시기는 매해 달라지고, 홈페이지에서 확인할 수 있다.

| DENMARK | COPENHAGEN

여행지에서 숙소를 옮기는 것은 여간 번거로운 일이 아니다. 보름 동안 불어난 짐을 끌고 새로운 숙소를 찾았다. 마지막 날은 좀 더 특별하고 편하게 지내고 싶어 디자인 호텔에서 묵기로 했다.

Hotel Fox
호텔 폭스

세계적인 자동차 회사 폭스바겐이 13개 나라의 예술가들에게 방의 인테리어를 의뢰해 만든 디자인 호텔이다. 61개의 방마다 디자인이 다르고 방의 크기는 4가지다. 시내의 중심에 있어서 접근하기 편하고, 좋아하는 디자인의 방을 직접 선택할 수 있다.

LARGE room#408
구름이 그려진 천장과 나무가 빼곡히 그려져 있는 벽지로 디자인했다.

MAP-188-11
Jarmers Plads 3, 1551 Kbn. K.
Tel +45 33 13 30 00
www.hotelfox.dk

Israel Plads
이스라엘 광장

작고 낡은 물건과 사람들의 만남

작은 공원에서 주말에 열리는 벼룩시장을 찾았다. 이른 시간에 나가 벤치에 앉아서 사람들을 기다렸다. 물건을 팔기 위해 하나둘 모여 물건들을 펼치자 구경하러 온 사람들이 찾아오면서 활기를 띠기 시작했다.

곰인형과 클래식 음반이 나란히 놓여 있다.
낡고 색도 바랬지만, 정감이 가는 봉제 인형들과 틴박스

MAP-188-12
Metro Nørreport
Tel +45 49 70 72 55
open Apr.15-Oct.15
sat 9-15

| DENMARK | COPENHAGEN

여행을 계획하면서 코펜하겐에서 가장 가고 싶었던 빌라비치 해변을 가기로 한 날이다. 좋아하는 디자이너 아르네 야콥센이 만든 해변의 등대와 건물을 보기 위해 이곳은 꼭 가야지 하고 몇 번을 다짐했던 곳이다.
마지막 날이라 몸이 지쳐서인지 다음에 다시 코펜하겐에 와야 할 이유를 남기고 싶었는지, 지금 생각해보면 이해가 안 가지만 결국 그곳을 가지 않았다. 아마도 일상으로 돌아가고 싶은 마음이 더 컸는지도 모르겠다. 내일이면 이곳도 안녕이지만, 충분히 좋은 시간들이었고 집이 그립기도 했다.

Børnenes Boghandel
그림책 서점

첫날 걸었던 스트뢰에를 다시 걸었다. 여행을 시작한 날보다 사람들의 옷차림은 가벼워져 있고, 불어오는 바람이 따뜻하고 시원하게 느껴진다. 빛과 사람들을 카메라에 담으며 천천히 작은 가게들을 기웃거렸다. 작은 어린이 책방, 알록달록한 잡화점, 엽서와 그림을 파는 가게를 구경하며 천천히 걸었다.

MAP-188-13
Købmagergade 50, 1150 Kbn. K.
Tel +45 33 15 44 66
www.arnoldbusck.dk
open mon-thu 10-18 / fri 10-19 / sat 10-16
close sunday

| DENMARK | COPENHAGEN

코펜하겐에서 헬싱키, 헬싱키에서 서울로
마지막 아침을 먹고 나면 코펜하겐에서의 여행도 끝이다.

Hotel Fox
호텔 폭스

공항에 늦지 않으려고 서둘러 아침을 먹는다. 정갈해 보이는 샌드위치에 향이 좋은 차를 쟁반에 담아왔다. 하루 사이에 입맛이 사라진 듯 밍밍한 맛이다. 음식은 기분에 따라 다른 맛이 난다는 걸 새삼 느낀다.

흰 쟁반에 취향에 맞는 차와 샌드위치를 담아왔다. 종류는 적지만 좋은 재료로 만들어져 담백하고 아침식사로 먹기 좋다.

Kastrup
카스트루프공항

공항은 나라와 도시별로 다른 얼굴을 하고 있다. 코펜하겐의 공항은 소음이 하나도 없다. 많은 사람들이 전광판을 보고 조용히 줄을 서고 차례를 기다린다. 안내방송에 익숙해서인지 고요함에 오히려 긴장돼 괜히 두리번거렸다.

Vantaa
반타공항

돌아오는 비행기에는 이제 막 여행을 시작하는 외국 사람들이 더 많았다. 이제 두 번의 기내식을 먹으면 집으로 갈 수 있다. 첫 번째 기내식에 비빔밥 메뉴가 있어 반가운 마음에 선택했다. 아, 너무도 그리웠던 밥이다. 고추장을 넣어 나물과 함께 밥을 비벼 먹으며 얼른 우리나라에 도착했으면 좋겠다는 생각을 한다.

나무젓가락의 포장지에는 그림과 글로
사용법이 설명되어 있다.

Column #4
여행에서 돌아와

스크랩과 콜라주

여행에서 돌아오면, 작은 상자와 노트를 만든다. 여행을 하면서 모은 영수증과 티켓, 가게의 명함들, 카페에서 기념으로 가져온 설탕 등, 그때의 추억을 고스란히 간직하고 싶어 차곡차곡 모아둔다.

여행지에서 사온 기념품

1 블루베리 홍차 2 벽장식을 위한 도자기 새 3 마틸데
4 감자 껍질을 닦는 장갑 5 생선알이 들어간 페이스트 6 우체국에서 산 우체통 엽서
7 항공 편지봉투 8 두 가지 색이 섞인 포장용 실 9 스트라이프 클립

MAP-Helsinki

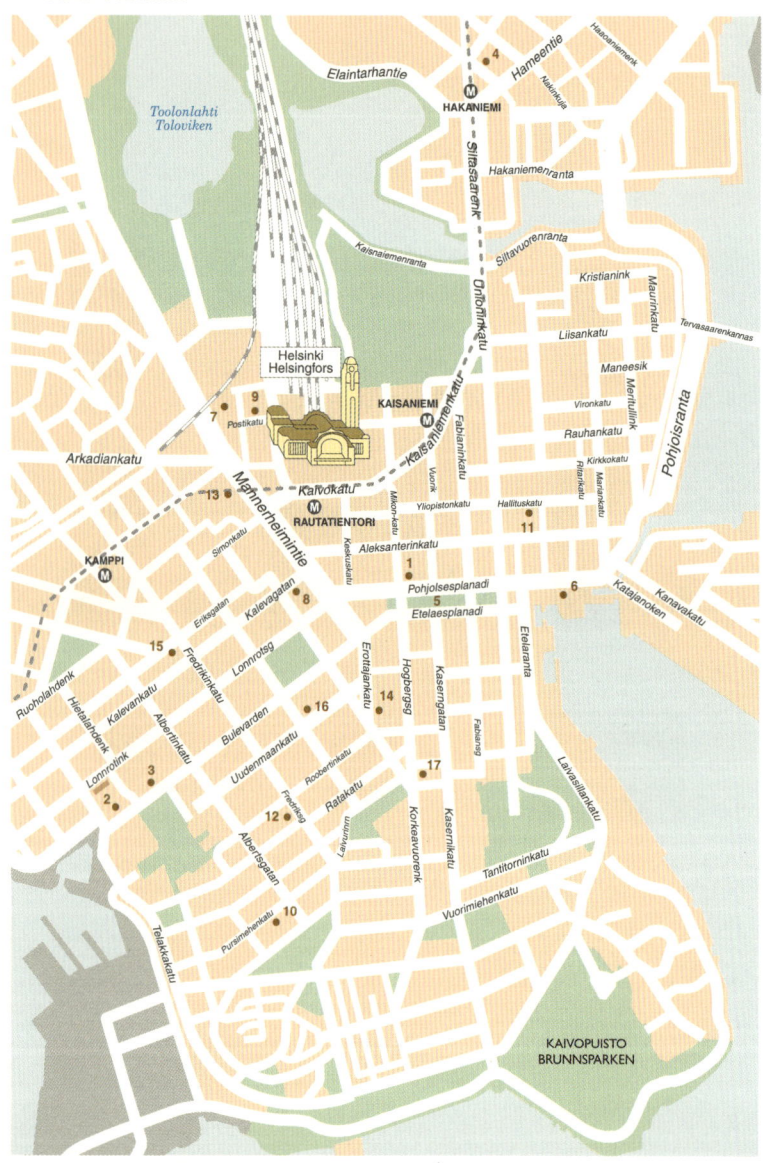

1 Akateeminen Kirjakauppa
아카데미아 서점

2 Hietalahdentori
히에타라히티 마켓

3 Kakku galleria
카쿠 갤러리아

4 Hakaniemin Kauppahalli
하카니에미 마켓홀

5 Esplanadi Park
에스플라나디 공원

6 Kauppatori
카우파토리

7 Kiasma
키아즈마

8 SIS. DELI+CAFÉ
시스 델리+카페

9 Helsinki Paapostitalo
헬싱키 중앙우체국

10 KAHVILA SUOMI
카하비라 수오미

11 Café Engel
카페 엔젤

12 TORI
토리

13 Eat & Joy Maatilatori
잇 앤 조이 마틸라토리

14 Design Forum Finland
디자인 포럼 핀란드

15 Napa Gallery & Shop
나파 갤러리 앤 숍

16 Sushibar
스시바

17 Designmuseo
디자인박물관

MAP-Turku

1 Luostarinmäki Handicrafs Museum
루오스타린메키 수공예박물관

2 Eerikinkatu
마켓 광장

MAP- Stockholm

A- Skeppsholmen / Djurgarden

B- Sodermalm

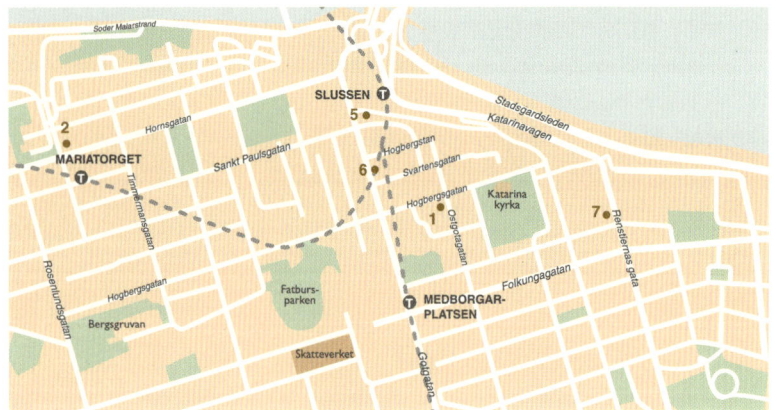

1 ICA
이카

2 Hemköp
헴쾀

3 Gamla Stan
감라스탄

4 Postmuseum
우편박물관

5 NYSTEKT STRÖMMING
뉴스텍트 스트로밍

6 10-Gruppen
티오 그루펜

7 CHOKLADFABRIKEN
슈크라드파브리켄

8 GRANIT
그라니트

9 Mcdonald's
맥도널드

10 Östermalms Saluhall
외스테르말름 시장

11 Design Torget
디자인 토리옛

12 Iris Hantverk
이리스 한트베르크

13 Riche
리쉐

14 Hotel Birger Jarl
호텔 비르예르 얄

15 Morkarin
모르카린

16 Moderna Museet
현대미술관

17 Rosendals Trädgård
로젠달 가든

18 Skansen Butiken
스칸센 부티켄

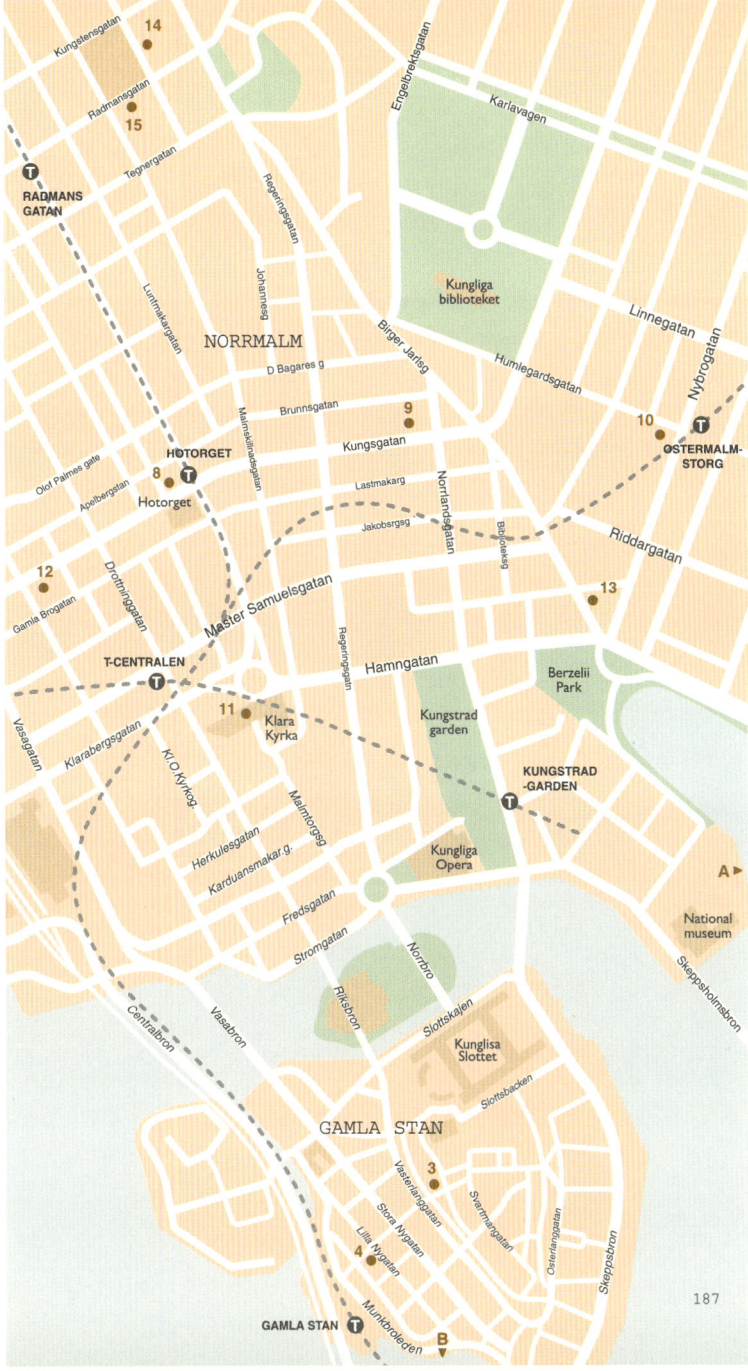

MAP-Copenhagen

188

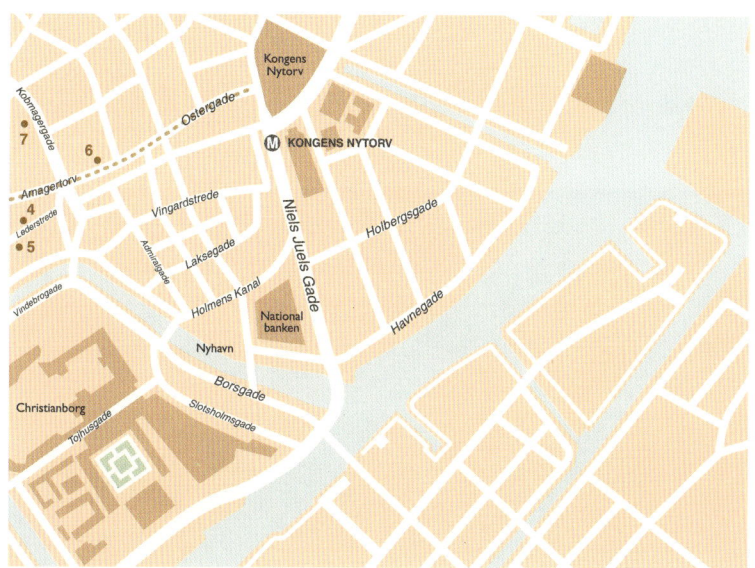

1 Danhostel Copenhagen City
단호스텔 코펜하겐 시티

2 Strøget
스트뢰에

3 Sosterne Grenes
스스타네 크레네스

4 STILLEBEN
스틸레벤

5 Gronlykke.com
그론리케.컴

6 Irma
이야마

7 Post & Tele Museum
우편 & 통신박물관

8 Konditori La Glace
콘디토리 라 그라세

9 Royal Copenhagen Factory
로얄 코펜하겐 팩토리

10 Tivoli
티볼리

11 Hotel Fox
호텔 폭스

12 Israel Plads
이스라엘 광장

13 Børnenes Boghandel
보르넨스 보헨델

2009년 6월에 걸었던 그 길을 2011년 6월, 2년 만에 다시 걸었습니다. 그 계절에 느낀 빛과 바람, 그리고 거리의 모습들이 새롭게 보입니다. 같은 곳을 바라봐도 매번 다르게 보이는 건 그곳을 보고 있는 내 눈과 마음이 달라져서 그렇겠지요! 다음에는 또 어떤 모습으로 보일지 기다려집니다.
6월은 여름의 시작점이고 봄의 계절입니다. 꽃샘추위처럼 갑자기 기온이 내려가 자꾸 춥다는 말을 내뱉게 하고, 어떤 날은 강하게 내리쬐는 햇볕에 그늘을 찾아 걷게 합니다. 2년 전에 북유럽을 다녀오고 나만의 지도와 여행기를 담은 작은 책을 만들고 싶다는 마음에서 이 책이 시작됐습니다. 조급한 마음이 들기도 했고, 좀처럼 속도가 나지 않아 느릿느릿 만들었습니다. 두 번의 여행에서 만난 가게와 사람들의 이야기를 담았습니다. 이 책이 당신의 여행에 조금이라도 도움이 되면 좋겠습니다.

또 만나요!

special thanks to

No Hyunsuk
bonbon & feve
Kristina Kobayashi
Maarit Heikkilä
nocda
mk2

photo. text. design. map

Bang Jiyeon

Nordic day
어느 날 문득, 북유럽

ⓒ 방지연 2011

초판 1쇄 인쇄 2011년 09월 23일
초판 2쇄 발행 2013년 10월 18일

지은이　　　　　방지연

펴낸이, 편집인　윤동희

기획　　　　　　박은희
편집　　　　　　김민채 임국화 홍성범
디자인　　　　　방지연
마케팅　　　　　한민아 정진아
온라인 마케팅　 백다흠 김희숙 김상만 이원주 한수진
제작　　　　　　김애진 김동욱 임현식
제작처　　　　　영신사

펴낸곳　　　　　(주) 북노마드
출판등록　　　　2011년 12월 28일 제406-2011-000152호

주소　　　　　　413-120 경기도 파주시 회동길 216
문의　　　　　　031.955.2646(편집) 031.955.8886(마케팅) 031.955.8855(팩스)
전자우편　　　　booknomadbooks@gmail.com
트위터　　　　　@booknomadbooks
페이스북　　　　www.facebook.com/booknomad

ISBN　　　　　　978-89-546-1582-2　13810

* 이 책의 판권은 지은이와 (주)북노마드에 있습니다. 이 책 내용의 전부 또는 일부를 재사용하려면 반드시 양측의 서면 동의를 받아야 합니다. 북노마드는 (주)문학동네의 계열사입니다.

* 이 도서의 국립중앙도서관 출판시도서목록(CIP)은 서지정보유통지원시스템 홈페이지(http://seoji.nl.go.kr)와 국가자료공동목록시스템(http://www.nl.go.kr/kolisnet)에서 이용하실 수 있습니다.(CIP제어번호 : CIP2011003594)